怪談四十九夜
合掌

黒木あるじ　編著

竹書房
怪談
文庫

まえがき

黒木あるじ

四十九日法要に準《なぞら》え、四十九話の怪談を集めた当シリーズ、いよいよ最後の夜を迎えるはこびとなりました。ぶじに完走を迎えた旨、名ばかり監修であるわたくしも安堵しております。なにより先ずは、読者諸兄姉に感謝の辞を述べたいと存じます。

最終巻も熟達から新鋭まで、有終の美を飾るのにふさわしい面子《めんつ》が集結しました。執筆陣はいずれも折り紙つき、三つ星の書き手ばかり。一読、昏くて長い夜の奥底へ引き摺りこまれることをお約束いたします。

既刊では、葬いに関連する語句を副題に用いてまいりました。【鎮魂】【怖気】【出棺】【荼毘】【埋骨】【鬼気】【断末魔】【地獄蝶】【病蛍】。そして、最終夜となる本作は【合掌】。みなさんもご存知の〈両手を合わせて拝むしぐさ〉を、副題に冠してみました。合掌は、サンスクリット語の「アンジャリ」がその語源だといわれ、仏教では右手が仏さまの住む極楽浄土、左手が我々の暮らす現世をあらわすとされています。つまり、私たちが合掌するとき、掌のなかにはあの世とこの世の境界が生じているのです。怪談語りの幕を下ろす終夜《よすがら》に、なんとも相応しい題ではありませんか。


嗚呼、そうでした。開幕の前に老婆心ながら忠告を。

若《も》し、本書を読みながら眠気に襲われても「続きは明日にしよう」と途中で頁を閉じないほうが宜しいかもしれません。

左右に開いた頁をぱたんと閉じるさま——合掌する両手に似てはいませんか。

拝むのは生者。拝まれるのは死者、あるいは人ならざるモノです。

つまり、あなた自身が〈拝まれる立場〉にならぬよう、ひと晩での読了をお勧めした次第です。

もっとも——一気に読み終えれば怪異が起こらぬ保証もないのですがね。

さて、どうしますか。この先に踏みこむ勇気が、おありですか。

目次

蛙坂須美

あの先生

大学生の江本《えもと》君は都内にある名画座で、中学の頃の英語教師を見かけた。

その日上映されていたのは往年のゾンビ映画。

エンドクレジットが終わり、劇場からロビーへと流れる客の中にその顔を見かけたのだ。

この人もこんな映画を観るんだ、と江本君は意外に思った。

懐かしい気持ちもあったが、何年も前の生徒に突然話しかけられても困るだろう。

けれどやはり挨拶くらいはしておくべきだったな。

映画館を出て駅までの道すがら、江本君はそんなことを考えた。

授業を受けたことはあったかな？

会話を交わしたことは？

そもそも本当に英語の先生だったか？

というか名前なんだっけ？

なにもわからない。考えるほどにモヤモヤする。

あの先生に関する記憶にだけモザイク処理を施されているようで、江本君は不安な気持ちに陥った。

数日後、江本君が中学時代の同級生である原《はら》とラーメンを食べていた時のこと。

「この間、××駅の立ち食い蕎麦屋であの人を見かけたんだよ。ほら、たしか英語の先生で……ええっと……名前は忘れたけど」

原がそんな話をし出した。

「もしかしてこういう感じの人じゃない？」

と江本君があの先生の特徴を説明したところ、原は首肯《しゅこう》した。

「そうそう、その人。おまえ、名前おぼえてるか？」

実は先日、自分も彼を見かけたのだが、原同様、名前は思い出せないし、本当に英語教師だったかもよくわからない。江本君はそう答えた。

「おまえもか。思い出そうとすると、そこだけモザイクかかってるみたいなんだよ」

ラーメン丼を空にした原はしばし黙考していたが、やがてスマホを取り出しポチポチと弄《いじ》り出す。

「なにやってんの？」

「中学の連中、連絡先わかるやつに片っ端から訊いてみる」

「ええっ？　なんかそれ、執拗というか病的だな」

「だってしかたないだろ、気になるんだから」

「そんなことよりさ、卒業アルバム見たら一発じゃん」

「お、冴えてるねえ。そしたら今週末、実家で確認してくる」

江本君は呆れてしまった。彼らの地元は隣県だから、日帰りでの帰省も可能である。とはいえ記憶に怪しい英語教師——かも不明なのだが——の名前を調べるためにそこまでするのは、ひどく馬鹿馬鹿しいものに感じられた。


次の日曜日、江本君は待ち合わせの店に顔を出した。原はすでに着座し、浮かない顔でビールを飲んでいた。

原が言うには、卒業アルバムにあの先生の写真はなかったらしい。

けれど彼の送ったメッセージには、多くの同級生から返信があった。

原から見せられたそれに目を通していくうち、江本君の腕がぷつぷつと粟立ちはじめた。


「先週、スーパーの惣菜コーナーで」

「三日くらい前、近所の交差点で」

「こないだバスの中で」

「昨日、病院の待合室で」

いずれも、あの先生を見かけたという内容だった。

中には遠く京都の大学に通っている者もおり、彼からの返信にはこうあった。

「ちょっと前に鴨川《かもがわ》沿いですれちがったよ。観光で来てたのかな？」

「返信寄越《よこ》した全員が、あの先生を見かけてるんだ。それもここ最近。ただ、話しかけたやつはだれもいないし、名前も思い出せないらしい」

卒業アルバムに載っていない。名前もわからない。

にもかかわらず同級生の多くが、同じ人物を中学時代の教師と認識している。それも目撃情報はせいぜいこの一、二週間くらいに集中しており、出会った場所に法則性はない。

どういうことなんだ？　と二人で話し合ったものの、結論など出るはずもなかった。

「これが知ってる人なら、ひょっとして死んだんじゃない？　ってなるところだよな」

帰り際、原はポツリとそんなことを呟いた。

すくなくとも現在に至るまで、江本君があの先生の姿を見たのは一度きりである。

「いったいその先生の正体はなんだったんだろうか?」

当方の問いに、江本君は首を横に振った。

「それは僕が聞きたいですよ。もっとこう、わかりやすい幽霊とか化け物であってくれたほうが、まだしも気持ちの整理がつくっていうか……」

喉元に魚の骨が刺さったような、そんな居心地の悪さは払拭されないままだという。

ダブり

元モデルの希美《のぞみ》さんはこれまでに何度かラブホ女子会をしたことがある。

その時はモデル仲間二人と都心の「ラブホとは思えぬホスピタリティ」で知られたホテルのスイートルームを予約していた。

部屋は評判にたがわぬ豪華さで、希美さんたちは興奮した。

キングサイズの天蓋付ベッド、露天風呂、ミストサウナといった設備に大はしゃぎし、見る見るうちにワインが空《から》になっていく。

「おおっ！　こんなのあるじゃん！」

友人の一人がモニターの画面をアダルト動画専門のＶＯＤに切り替えた。

「そりゃあるでしょ、ラブホだし」

「こういうの、だれかと一緒に観たことない」

「一人では観てるんかい」

「え、観ないとかある？」

などと軽口を叩きながら適当にチョイスした動画を眺めていたのだが、冒頭の女優インタビューが思いのほか長い。本編が一向にはじまらないのだ。「初体験は？」とか「自慰行為は週何度？」といった下品な質問に、演出の一環なのか妙に立板に水といった調子でスラスラと答えていく女優の顔に濃いぼかしが入り、表情がうかがえないのも退屈だった。

「これ、ずっと顔見えないままなのかな？」

「どうだろ？　そういうのもあるっちゃあるけど、だったらつまんないね」

「ていうかインタビュー長すぎじゃない？」

早送りするほどの気も起きず、希美さんたちはそのまま酒を飲み続けた。


希美さんはマッサージチェアに深く腰掛けた状態で目を覚ました。

部屋の明かりは皓々《こうこう》とまぶしく、飲み残したアルコールのにおいが鼻を突く。

腕時計を見れば午前四時。友人たちはほぼ素っ裸でベッドに横たわっていた。

つけっぱなしのモニターになにかの映像が流れている。

意識が飛ぶ直前まで眺めていたあの動画だ。画面ではいまだにさっきと同じ女優がインタビューを受けている。とはいえ常識的に考えてそんなことがあろうはずはなく、おそらくはリピート設定になっている動画の、これは数回目の冒頭シーンであると推察された。

床に落ちていたリモコンを拾い電源を切る、その直前に「おや？」と手が止まった。

インタビューを受けているのは、さっきと同じ女優だ。髪型や服装からもそれはわかる。

問題は、彼女の顔にかけられたぼかしだった。

目鼻立ちが見分けられる程度に、それが薄くなっているのだ。

——ちょっと待って、この女優って……。

あられもない寝姿を晒《さら》している友人の一人をチラリと見遣る。

双子の姉妹というのでなければ、本人以外には考えられない。

先刻はどうして気づかなかったのか、まことに不可解である。

——事務所に知られたら大目玉……どころじゃないよ。どうすんのこれ……？

希美さんは我が事のように動揺し、呆然とモニターを眺めていた。

「……大丈夫……」

声が聞こえた。ハッとしてそちらを向くと、仰向けに寝そべった件の友人が薄目を開け、虚《うつ》ろな眼差しを宙空に漂わせている。

「……大丈夫だよ。たましいがね、ちょっとダブってるだけだから……」

それだけ言うと目をつむり、またしても眠りに落ちたようだった。

とはいえ希美さんとしては「たましいがダブっている」と言われたところで、成程《なるほど》そうなんだと納得できるわけもない。混乱はいや増すばかりだ。

モニターでは相変わらずインタビューが続いており、その内容もいつの間にか不穏さを帯びていた。

「君の想像上のお姉ちゃんが一人住まいのアパートで自分の喉を掻き切った直後、だれもいないはずの部屋で咳払いをしたのはいったいどこのなんという幽霊だったの？」

「犬より猫派ってことだったけど、猫が人間の屍体に執拗な興味を持った動物だって聞いても、猫派としての信念は揺るがないかな？」

「蝙蝠《こうもり》が盲目であり個体の維持に視力を必要としないなら別に目を潰したところで問題はないよね？　これは比喩だけど、同じことが一部の人類についても言えるとか思ったりしない？」

画面外から投げかけられるインタビュアーの質問が、いつの間にかそんな要領を得ないものになっているのだ。

それらの質問に対して女優、というか友人は相変わらず淡々と返答している。にもかかわらず彼女の声がうまく聞き取れない。縁日で見かける笛の玩具——ピロピロとか吹き戻しとか呼ばれるあれ——を髣髴《ほうふつ》させる甲高《かんだか》い呼吸音だけが、希美さんの耳にまといつく。

——なにがどうなってるんだろ、これ……。

そう思い再度、友人のほうを見た希美さんは悲鳴をあげた。

友人は白目を剥《む》いていた。おまけに泡を吹いていた。もう一人の友人も希美さんの叫び声に目を覚まし「うわっ！　うわっ！」と慌てふためいている。

「どうする？　どうすればいいのこれ？」

「救急車！　いや、まずは心臓マッサージ？」

「人工呼吸のがよくない？」

「とりあえずフロントに電話しよ！」

希美さんが受話器を手にした途端、白目を剥いていた友人がいきなり跳ね起きた。

「うわっ、大丈夫？」

友人は肩で息をしながら、口の端についた泡を拭っている。

「……平気。こういうの、たまにあるから……」

「えっ？　えーっと、つまりそれって、なにか発作みたいな？」

「まあ、そんな感じ。でも今回はちょっと時間が長すぎたかも。どうかな。わかんない。頭痛い。けど病院とか薬とかそういうんじゃないんだこれ。うーん、もうちょい寝るね」

と言って友人はころんと横になり、すぐに安らかな寝息を立てはじめた。

ひとまずホッとした希美さんはもう一度モニターを確認してみたのだが、映っていたのは顔面のぼかしが取り払われた女優の、パッとしない本番シーンだった。

女優の顔は友人にまったく似ていなかった。


それから一年もせずに、件の友人はモデルを辞め、四国の実家に帰ってしまった。

ホテルの一件以降、四六時中ぼんやりと空《くう》を見つめるようになり、口数が極端に減った。退所する頃にはマネージャーやカメラマンとの意思疎通すら困難だったらしい。

事務所は心配し脳の検査を勧めたが、彼女がそれに従ったかどうかはわからない。

後に聞いたところでは世話になったマネージャーに、

「たましいの半分がどこかに行ってしまったの」

そんな旨の言葉を漏らしていたとのこと。

マネージャーはそれをなにか情緒的な比喩と捉えていたようだが、あの日の出来事を知る希美さんには「そのままの意味なんだろうな」と思えてならないそうである。

縁もゆかりも

ゆかりさんが興味本位で某事故物件公示サイトを眺めていたら、十年前に彼女自身が住んでいたマンションに炎のマークがついていた。

サイトに寄せられた投稿によれば、昨年末、住民女性が自殺(死因までは書かれていなかった)したとのことで、よく見れば部屋番号までが一致している。

「見なきゃよかったってマジで後悔ですよ。自分の後に入居した人がどうなっていても関係ないといえばそうなんですけど、すごく気分が沈んでしまって」

翌朝、駅のホームで電車を待っていたところ、甲高い女性の声がした。

「ちょっとちょっと! あなたヨモタさんでしょ? ずいぶんひさしぶりじゃない!」

視線を向けると、そこには小太りの中年女性が立っている。マスクをしているため顔立ちはよくわからない。けれど声の感じからしても、知り合いではないようだ。

「というかそもそも、わたしの苗字『ヨモタ』じゃないんで……」

人違いです、と返すと女性は目を白黒させてゆかりさんを眺めていたが、そのうちにハッとした様子でこんなことを言い出した。

「あ、あら……？　いやねえ、ごめんなさい。あたしなに言ってるの……？　だってヨモタさんって去年……」

——亡くなってるじゃない。

えっ？　と声をあげたゆかりさんに頭を下げ、女性はそそくさとその場を離れていった。

それからというもの、彼女は街で知らない人に声をかけられることが増えた。多い時には、週に二、三回ということもある。

その際には、なぜか決まって「ヨモタ」という名で呼ばれるのである。

「それと、これは関係あるのかどうかわからないんですけど……」

ゆかりさん曰く、ここ数ヶ月で自身の趣味嗜好に著《いちじる》しい変化が生じているとのこと。

以前は飲めなかったコーヒーが好きになり、いまでは日に三、四杯は飲んでいる。反対に、浴びるほど飲んでいた酒がダメになってしまった。服装や化粧の好みも変わったらしく、ひさしぶりに会った友人からは「別人みたい」と言われたことも。

あの投稿を見たせいで「ヨモタ」とかいう人と切っても切れない縁が結ばれてしまったのではないか。
ゆかりさんはそんなふうに危惧しているそうだ。

それに最近は、それはそれでいいじゃんって考えてることもあるんです。
なんだかもう一人の自分がそう言ってるみたいで。
ちょっとその。
気持ち。
わる。
い。
って最初は思ってたけど、いまは別に気にしてないのね。
ていうかこれも一つの縁よね？　袖擦り合うも多少の縁。ねっ？
あなたも人との出会いを大切にしてね。ねっ？
あ、コーヒーおかわり頼んでいい？
いいよね？
ねっ？　ねっ？

盛り塩詐欺

「気づいてるかどうかわからないけど、君の部屋、男の子が住んでるね。長髪の痩せた子で二十歳くらい。ちょっと文学青年っぽい雰囲気の」

知人の経営するバーで隣り合わせた五十年配の男性からいきなりそんなことを言われて、瑞穂《みずほ》さんは絶句した。

——当たってる……。

たしかにそんな外見の青年が、瑞穂さんの部屋には住み着いているらしかった。姿見にチラッと映るだけのこともあれば、憂いに満ちた表情を浮かべて窓辺にたたずんでいることもある。あまりおそろしいとは思わなかったが、といって気持ちのいいものではない。

——なにかアドバイスをもらえるかも。

「どうしたらいいですか?」

と瑞穂さんが訊いたところ、男性は待ってましたとばかりに話し出した。

「簡単だよ。これから僕が言う場所に盛り塩をすればいい。早速だけど君の部屋は、ええと、まずこれが玄関で……」

言いながら男は伝票の裏に瑞穂さん宅の間取りを書き込んでいく。それがいちいち正確で瑞穂さんは感心してしまった。怪談話ではよくある展開だけれど、生で目にするのはこれがはじめてだ。

「盛り塩をするのは、玄関、浴室、それから台所と、最後にここの……これは、姿見？　あ、やっぱり。この前にも置いて。まあ、除霊なんかとちがってお金もかからないし、騙されたと思って試してみてよ」

てきぱきと盛り塩の位置を指示してしまうと、男は店を出ていった。

親切な人だな、と瑞穂さんは思った。帰ったら早速、試してみよう。

「あの男の人、よく来るの？」

「いやあ、一見のお客さまですよ。ずいぶん盛り上がってましたね」

瑞穂さんの問いに、若いバーテンはそう答えた。

その晩、言われたとおりの場所に盛り塩を置いて眠りについた瑞穂さんは、悪夢を見た。

あの青年が、この部屋の中をぐるぐると歩きまわっている。

彼の眉間《みけん》には深い皺《しわ》が刻まれ、目は吊り上がり、ぎゅっと結ばれた唇の端からは一筋の血が垂れていた。全身がまるで茹で蛸《だこ》のように真っ赤だった。

青年は何事かをがなり散らしているのだが、瑞穂さんにはそれがどこの国の言葉かまるでわからなかった。ただ声のトーンから察するに、激怒しているのは明らかだった。

「なにこれ……」


翌朝、万力に挟まれたような頭痛を抱えて目覚めた瑞穂さんは、思わず声をあげた。

室内の都合四箇所に設置した盛り塩が、まるで緑青《ろくしょう》を吹いたような色に変わっていた。

それだけではなく、姿見の前に置いたはずの皿は、反対側の壁際まで転がっていた。部屋中に撒き散らされた塩が、瑞穂さんの足裏をざらつかせた。

視線を感じ姿見に視線を向けると、あの青年がいた。

夢と同じ憤怒の表情で、瑞穂さんを睨みつけていた。


それ以来、瑞穂さんの健康状態は悪化した。

部屋にいると動悸がして落ち着かず、睡眠もろくにとれなくなった。抜け毛が増え、原因不明の空咳を夜な夜な繰り返す。

以前より頻繁に、あの青年の姿を見るようになった。

しばらくは我慢していたものの、ある晩、帰宅すると蜘蛛の巣状にひび割れた姿見の中から、あの青年が憎悪に満ちた眼差しを向けていた。

——これはいずれ大変なことになるかもしれない。

瑞穂さんはついに引っ越しを決めた。


——騙されたと思って試してみてよ。


「あのおじさん、十中八九、悪意ありますよ。ああいう善意を装って近づいてくる連中が、いちばんタチが悪い」

瑞穂さんは悔しそうな顔で話を終えた。

十年ほど前、北陸地方の某都市での話。

輪廻の里

数年前、優里亜《ゆりあ》さんは当時の恋人と二人、関東地方の某温泉地に旅行をした。温泉と料理、地酒が目的だったから、周辺の観光スポット等に興味はなく、旅程には組み込まなかった。

二人は空いた時間を読書や昼寝、そして宿周辺の散策にあてることにした。

その時は宿の裏手にある川沿いの道をぶらぶら歩いていたんです、と優里亜さんは述懐する。きちんと舗装された散歩コースではなく、無数の小石がごろごろ転がる歩きにくい道だったという。

そんなどちらかといえば殺風景な道を、他愛ない会話を交わしながら歩いていた。

背後から自転車のベルが聞こえた。

脇によけると、通りすぎるかに思われた自転車は二人と横並びになるように止まった。

「少々伺います。『輪廻《りんね》の里』はこの先でよろしかったでしょうか?」

自転車に乗っていたのはサングラスをかけ、無精髭《ぶしょうひげ》をたくわえた、なんだか胡乱《うろん》な感じの中年男性だった。

「輪廻の里」なんて場所は聞いたこともない。

ちょっと警戒した様子の恋人が優里亜さんを庇《かば》うようにしながら「知りません」と答えたところ、男は舌打ちをして走り去った。

その時はじめて気づいたのだが、男の乗っている自転車はどれだけの時間、雨晒《あまざら》しにしたらこうなるのかというほど錆だらけだった。両輪は完全にパンクしているらしく、右に左に、ふらふらと危なっかしく揺れている。というかこんなでこぼこ道を走れているのがすごい。

なんだかおかしな人だな、と優里亜さんが同意を求めるように恋人を見れば、彼は眉間に皺を寄せ何事かを思案している風だった。

「いまの人、親戚のおじさんによく似ていたんだ」

それを聞いて、優里亜さんはハッとした。

以前、酒に酔った恋人から「他殺か自殺かもわからない不審死を遂げた親戚がいる」と聞かされたことがあったのだ。

親戚のおじさんとはその人にちがいない、と優里亜さんは思った。

「そのおじさん、もともとは大変な資産家だったんだけど、ある新興宗教にハマってしまって、財産のほとんどをそこに寄進したんだ。『輪廻の里』というのは、もしかするとその

「新興宗教の施設とか、あるいは霊場的な場所なのかもしれないな」

どう考えても唐突な恋人の発言に、優里亜さんは妙に納得してしまった。

世の中にはきっとそんなことだってあるだろう。

せっかくだしその「輪廻の里」とやらを探してみよう。

いつの間にかそんな話になって、二人はさっきのおじさんと同じ方角に向かった。

まっすぐ行くと一本の橋があった。それを渡って、今度は砂利道を進む。道の両側には背の高い木々が鬱蒼《うっそう》と繁茂《はんも》しており、昼だというのにずいぶん暗い。

しばらく先に、建物が見えた。廃墟というには中途半端な寂《さび》れ具合で、役所の出張所のような四角い建築物であるが、看板等はどこにも出ていない。

恋人が正面の入口に近づいたところ、自動扉が音を立てて開いた。

電気系統が生きているということは、やはり廃墟ではないのだろうか。

入ってすぐ横に、ガラス窓で仕切られた小部屋があった。

一瞬、小部屋の中を覗き込んだ優里亜さんはゾッとした。

窓の向こう、事務机と数脚の椅子が置かれた部屋の隅に人影が立っている。

ような気がしたのだが、よく見ればそこには一枚のポスターが貼ってあるだけだった。

「空き巣に注意！」という文言の下に、稚拙な泥棒のイラストが描かれている。

サングラスに無精髭、風呂敷包みを背負った泥棒は、あの中年男性にそっくりだった。

「そこのポスターに描かれてるのって……」

優里亜さんが口を開くのとほぼ同時に、恋人が部屋のドアノブに手をかけた。そのまま室内に足を踏み入れるも、ポスターのほうは見向きもせず、机の上に散乱した書類に視線を落としている。

優里亜さんは恋人に続いてその部屋に入るのをためらった。うまく言葉にできないが「取り返しがつかない感じ」がしたのだという
彼女は部屋の前に立って、広々としたエントランスとその奥にある重そうな大扉を眺めていた。するとそのうちに、扉の向こうから風の鳴るような音が聞こえてきた。

耳を傾けていると、低く微かだったその音が、次第にはっきりとしたものになってくる。

「ねえ、ここなんかおかしい。もう帰ろう」

恋人にそう声をかけたら、意外にもあっさりと彼は小部屋から出てきた。

手にはいつの間にか書類の束を持っている。

「やっぱりそうだ。ここが『輪廻の里』なんだよ」

手渡された紙を一目見て、優里亜さんの全身に鳥肌が立った。

それは正面を向いた人物の写真をA4サイズのコピー用紙に拡大印刷したものだった。

被写体の顔には「人」という字を丸囲みしたスタンプが押印されていた。

恋人は手にした紙をパラパラと捲《めく》っていく。

「見た感じ、ほとんどみんな同じなんだけど、たまにこういうパターンもあるんだ」

と言って、ある写真を指差した。

サングラスに無精髭の中年男性である。やっぱりなと優里亜さんは思った。

丸囲みに「人」のスタンプ。そこまではなんら変わらない。

唯一、「人」の字に大きな×印がかぶせられていることだけが異なっていた。

「死ぬほど無理して寄進しても、ダメなものはダメなんだねえ」

恋人が弾けるように笑い出した途端、大扉の向こうから聞こえてくるのが風なんかではなく複数人による読経の声だとわかって優里亜さんは駆け出した。


闇雲に走って宿に駆け込むと、おどろいた様子の中居さんと浴衣姿の恋人が出てきた。

優里亜さんが一人で散歩に出ている間、彼は部屋で昼寝をしていたというのだ。

こわいからいやだと渋る優里亜さんを残して恋人が確認しに行ったところ、橋の先にある林道は背の高い柵で塞がれ立ち入ることができなかった。

ただし柵の手前にはボロボロになった自転車が横倒しにされていたらしい。

更には恋人の親戚が一時期なんらかの新興宗教に傾倒し、不審な死を遂げていたのも事実だった。

それを聞かされた優里亜さんには、自分の見たものが単なる夢や幻とはどうしても思えなかったそうである。

朱雀門 出

魔物の宝

紙谷《かみや》さんという四十代の主婦の話。

まだ二十代の頃、当時付き合っていた彼氏の転勤を機に結婚した。夫の新たな仕事場は夫婦お互いの実家から離れた場所であったため、故郷を離れて家を借りた。新しい土地に移るとすぐに子を授かった。親の干渉が無い分、自由ではあったけれど気軽に頼れる身内が近くにいない不安もあった。初めての子育てにも不安はあった。

しかし、同じような境遇の友人ができた。子供を遊ばせに近くの公園に通っていたところ、そこに子供を連れてきていた母親達と自然に交流するようになったのだ。年齢も近く、同じように他の地方から出てきて夫婦だけで子供を育てていて、同じようなマンションに住んでいた。そんな間柄だったから子育ての悩みを話し合ったり、また、用事があるときなど、子供をみてもらうような仲になった。

その公園は広く、多くの人が集まってきていた。広い駐車場があったことも要因で、遠くからも人が来ていた。その中にジュリちゃんという子がいた。とても整った顔で美少女と言っていい。それに、言うこともしっかりしていてとても目立つ子だった。一方、その母親は口数が少なく、必要な事しか話さない人だった。かといって、お高くとまっているのではなく、品良く温和《おとな》しい雰囲気の人だった。進んでコミュニケーションを取らなかったからだろう、他の友達のように親密にはならなかった。

あるとき、そのジュリちゃん親子の姿を見かけないことが何日か続いた。遠くに住んでいるので、別の公園に行くことにしたのではないかと噂し合った。が、十日ぶりくらいに公園に姿を見せた。どうしていたのかと訊くと、母親より先にジュリちゃんが答えた。

「魔物が私を連れ出していたの」と当時まだ四歳くらいだけれど、幼いくせに難しい言い回しで答えたのだ。

「え？　魔物？　魔物って、オバケのこと？」まさか子供の口から魔物という言葉が出るとは思わなかったので訊き返した。

「そう。オバケね」とジュリちゃんは当然のように答えた。

「怖くないの？　非道《ひど》いことされなかったの？」

「大丈夫。むしろ良くしてくれたわ。普段通りに過ごせば良かったたし、好きなものを食べていたし」

「えー？　オバケだよ？　咬《か》まれたり、痛いことされないの？」と驚いていると、

「ははは。そんなわけないじゃない。私は、魔物にとっては宝物なのよ」

「宝物って……」

あまりに現実離れした話なので、親のやっているゲームの影響だろうかと思った。それにしても、その年齢にしてはちょっと難しい言い回しをしているので、かなり頭の良い子なのだなという印象だった。

ジュリちゃんの母親に訊いてみると、

「そうなの」と困ったような表情になった。「行方不明だったの。でも、主人が見つけて帰ってきてくれて、心配ないからって言うから、心配ないと思うの」

えーっ、そんなものなの？　と思ったけれど、ジュリちゃんの母親は、

「この子がそう思っているならいいのかなぁ、なんて……」とジュリちゃんの顔を見ながら言っているので、まあ、そう言うなら……とそれ以上追求するようなことは控えた。別にジュリちゃんは怪我もしていないし、虐待されているような感じでは無かったので、何か言えない事情があるのだろうけれど、他人が深入りすべきではないと思えたのだ。

ただ、そのような〝魔物に攫《さら》われる〟ことは一回だけではなくて、幼稚園に通うようになるまでに、それから二回くらいあった。数日、公園には来なくなるということがあったのだ。

その後、幼稚園にあがると、ジュリちゃんを含め、子供達と公園で出会うことはなくなっ

た。だから魔物によるジュリちゃんの奇妙な誘拐があったかどうかは紙谷さんにはわからない。

それは小学校にあがってもだった。ただ、授業参観などで見かけるジュリちゃんには奇妙な点があった。

あまり成長していないのだ。体つきは小さく、それに物言いも幼かった。むしろ、就学前に会っていた頃の方がしっかりしていたように思えるのだ。例えば、

「ジュリちゃんねー、オバケ、すき」

というような話し方で、なんだかむしろ退行しているように思えたのだ。

紙谷さんの頭には嫌な想像が浮かんだ。魔物に宝物として連れていかれているせいで、生命力だとか才能だとか福だとか運命だとか、何か大事なモノが奪われているように思えたのだ。ジュリちゃんは宝物だから魔物は大事にしていたと言っていたけれど、殺しこそしないものの、徐々に命などを削られているとか、そういう目に遭っているのではないかと怖くなる。

ジュリちゃんについての奇妙な点はもう一つあった。妙な癖があったのだ。

手袋や靴下を裏返して弄っているというのだ。手袋は冬だけだが、靴下は季節を問わずに弄くり回していて、ポケットに数足入れていた。依存症のように四六時中、靴下を手に

しては裏返し、また元にもどしては何度も裏返しなおしていた。裏返した靴下を机などに忘れていることも時々あった。誰かを傷つけるような行為ではないのだけれど、見ていてなんとなく不気味なのだという。紙谷さんは子供からそのことを聞いていただけだったが、学校に行くようなことがあり、ジュリちゃんを見かけたときにその手に靴下を持って裏返しているのを目にして、ああ、本当だったんだと思った。また、そのときのジュリちゃんの外見はかつて見た利発そうなジュリちゃんではなくなっていた。目の力が緩くなっていると感じたのだ。

ジュリちゃんの幼い言動はより意味不明になっていき、言っていることがわからないこともよくあった。具体的な言葉は再現できないけれど、単語の意味からしてわからないのだ。

その後、ジュリちゃんは四年生のときに転校した。一家で引っ越したようだった。それでジュリちゃんとは、もう関わることはないだろうと思えた。

ある年の暮れのこと。紙谷さんは実家へと帰った。一族が集まったときに従姉《いとこ》からジュリちゃんを知っているかと訊かれた。意外なところですっかり忘れていた名を聞いて驚いた。

ジュリちゃんは父親の実家に一家で引っ越しており、その実家というのが奇遇にも紙谷さんの実家と同じ集落だった。その集落には従姉の家もあって、ジュリちゃん一家と知り合いになったようなのだ。そこでジュリちゃんの母親が前に住んでいたときに紙谷さんと知り合ったという話をしていたという。

従姉もジュリちゃん一家とはそんなに深い付き合いがあるわけではなかった。どちらかというと、ちょっと変わった人達だなと少し距離を置いている感じで、でも、興味があるようだった。

意味不明のことを喋る。しかし、とても綺麗な顔をした子。そんなジュリちゃんだけでなく、その母親も変わっていて、彼女とも話が通じているようで、今ひとつ、通じていないように思える。従姉の見解もそうだが、紙谷さんの見解も同じようなものだった。ただ、魔物に宝だと言われて攫われていたと言っていたことや、成長が遅いというかなんだか退行しているように見えたこと、いつも靴下を手にして裏返していることなど、覚えていることや当時思っていたことを従姉に教えた。従姉は気の毒がりもし、怖がってもいたのが紙谷さんの印象に残っている。

それから何年か経った、ある盆のこと。紙谷さんは墓参りに実家へ帰った。

墓へは従姉も一緒に行くということで、実家に来ていた。そのときに従姉が困ったような、しかし、ちょっと喜んでいるような複雑な表情で、

「ジュリちゃん、死んだんよ」

と意外なことを口にした。

紙谷さんは自分の子供の年齢からジュリちゃんの享年を思い浮かべた。今年亡くなったとすればまだ十四歳である。信じられない若さだった。

「本当に？」と思わず訊いた。

「嘘言ってどうするのよ」と従姉は少し憤慨したような表情を浮かべた。「お墓、うちのお墓と近いから見てみる？」

気にはなったけれど、興味本位で見ることになるので不謹慎だからと断った。

けれど、墓参りに行ってみると、入り口と紙谷さんの先祖代々の墓との間くらいにジュリちゃんの一族の墓があった。途中だったので傍にいた従姉が、

「あれが、あの子の墓よ」

と紙谷さんの腕を掴んで引っ張って教えた。

墓石の横にある墓碑にはジュリちゃんの名が刻まれていた。享年十四と彫ってあった。となりの名前は古くて雨風《あめかぜ》で角がすり減っているのに比べて、ジュリちゃんの名前は切り口がシャープで、その新しさが痛々しい。

と、墓碑の傍に妙なものを見つけた。

靴下だった。くしゃっと丸まっていて、裏返しになっていることに気付いた。

紙谷さんはギョッとして肩をすくめた。誰がしているのか、と思うよりも、ジュリちゃんだ！　と直感的に思った。

従姉は紙谷さんのその動揺に気付いたようだった。従姉が気付いたことに紙谷さんも気付いた。二人は顔を見合わせた。

「まさかあの子？　幽霊？」と紙谷さんは思わず訊いた。

「わかんないけど怖くない？　たまにあるのよ」

従姉は紙谷さんから聞いていたジュリちゃんの話の中でも、裏返した靴下のくだりがなんとも不気味で印象に残ってしまったようで、ジュリちゃんの墓のそばで裏返った靴下を見るたびにゾッとするようになってしまったという。だから、同じ思いを共有したくて、多分、今日も裏返した靴下があって欲しいと思いながら、それを紙谷さんにも見せたのだと嫌なことを言った。

話はまだ続いていた。

「でも、靴下なら良い方よ。まれに猫とかの死体があるけど、お尻から腸が一メートルくらい引きずり出されているの。裏返すみたいに」

百鬼の偽来迎《にせらいごう》

木下《きのした》さんの父親が亡くなったときのこと。まだ六十歳になったくらいだという。日頃の不摂生のせいなんですけどね、と木下さんは少し困ったような顔をした。飲む打つ買うと、好き勝手に生きた父親だった。母親は経済的にも苦労させられ、あれは害毒だとまで父親を評していた。

木下さんが言ったように父親は不摂生が祟ったようで、すっかり弱ってしまい、そうすると、掌《てのひら》を返すように家に戻って、温和しくなった。最初のうちはまだ歩けていたようだが、そのうちに寝たきりとなり、とうとう入院することになった。

そこからはどんどん弱っていき、臨終を迎えた。そのときには、木下さんとその奥さんが病室にいたが、母親も呼び出した。

意識のない父親の枕元に、母親もやってきて苦々しげに自分の夫を見下ろしていた。

急に父親の向こうの壁にテニスボール大の黒い影が現れた。それには木下さん達三人がすぐに気付いて目を向けていた。が、同室していた医師達には見えていなかったようだ。

その黒い影がどんどん大きくなっていく。

え？　と木下さんは声を出して驚く。奥さんもお母さんもうわ、うわっと口にしている。「どうしたんですか？」と医師と看護師が訊くので、やはり彼らには見えていないようだけれど、見間違いとは思えなかった。

病室のドアくらいに広がった黒い部分から、牛の頭が現れた。

奥さんが、ヒッと短い悲鳴を上げた。

牛の頭に続いて、鎧《よろい》を着た人間の体が現れた。その鎧がなぜか中国の兵卒のようだった。地獄の鬼——獄卒《ごくそつ》だと思った。牛だけでなく、馬の頭をした者、鳥の頭をした者、鬼としか言えないような者が次々に出てくる。

地獄から亡者を責め立てる鬼達が、父を迎えに来たのだと思った。よく聞く話ならば、天上から沢山の仏様がお迎えに来るというのに、このようなバケモノがやってきている。

ああ、父は地獄に落とされてしまうのではと思えて、木下さんは手を合わせて念仏を唱えていた。

その間、奥さんは義理の母親と顔を見合わせて、アイコンタクトで幻ではないことを確認していたという。が、やはり、病院スタッフにはそれが見えていないようだった。

と、横たわった父親の体から、幽体や霊体というのだろうか、向こうが透けて見えるもう一人の父親が浮き出てきた。奥さんは目を瞑《つむ》って念仏を唱えている我が夫を揺すってそれを見せた。

すっかりと肉体から抜け出した、透けて見える父親は、あろうことか、嬉しそうに鬼や動物の顔をした獄卒達とハイタッチしていた。本当に声が聞こえていたのか自信が無いが口の動きは覚えていて、「イエ～イ」と言っていたと記憶している。

抜け出した父親の魂というか霊体というか中身は、獄卒達と共に彼らが出てきた真っ黒になっている壁を通り抜けてあちらに行った。

うわあ、地獄に連れられて行ってしまったと思ったけれど、嬉しそうだったので悲嘆することもないかもしれないという気持ちも木下さんにはあった。

とにかく、父親は亡くなったのだとベッドの肉体に近づく。

と、死体が目を開けた。

あまりのことに木下さんはギョッと身を竦《すく》めた。

「なーんて」と父親は天井を向いたまま大きく目を開き、それだけを口にして、事切れた。

医師は時計を見ながら、死亡時刻を告げた。

あとで母親達と話し、彼女らも木下さんと同じものを見聞きしていた事を知った。

「地獄に行ったんやろうな。なんや、あれ」と母親は怒ったような表情で言った。「最後までクソやったな、あいつ」

狂った遺言

小田《おだ》さんには、ユウイチという独身の叔父さんがいた。そのユウイチ叔父さんが自殺した。それで、兄である小田さんの父親がその葬儀を執り行った。

ユウイチ叔父さんが暮らしていた部屋には遺書があった。そこには、棺桶には裸で入れて欲しいということ、そして、リュウコさんにユウイチ叔父さんの外部生殖器（実際にはもっと日常的で下品な表現）を見せて欲しいという旨が書かれていた。

それは遺言である。遺言は叶えなければならないとは思うけれど、その内容はとても正気ではない。まあ、裸で棺に入れるというのはできなくもない。ただ、リュウコさんなる女性にそんなことをするというのは如何《いかが》なものかと思われた。

そもそも、小田さん達が遺書を読んだとき、リュウコさんとは誰なのかと疑問に思った。親類にはリュウコという人物はいない。ユウイチ叔父さんは前述の通り、独身であり妻はいない。結婚自体していないので、前妻ということもない。また、恋人の存在も知らなかった。ユウイチ叔父さんの交流関係を調べて、初めてリュウコさんが誰なのかわかった。学友や同僚でもなく、強いて言えば知人であり、どうやらユウイチ叔父さんが一方的に懸想《けそう》しているだけのようだった。

親類でもなく叔父さんの配偶者どころか恋人ですらない知人であるだけのリュウコさんに、遺書にあるように裸体を、しかも局部まで見せるというのは、迷惑行為としか思えなかった。だから、その遺言は却下された。

また、裸にするというのも世間体が悪いというか、やはり、異常性を感じるので、ちゃんと服を着せた。

その葬儀には、リュウコさんは出席していない。それくらいの片思いだったのだ。

葬儀も終え、ユウイチ叔父さんは荼毘《だび》に付された。先祖代々の墓に納骨も済ませた。

ちょっと罪悪感はあったけれど、その後にユウイチ叔父さんが化けて出て恨み言を言ったとか、霊障というか、祟りと思えるような変事はなかった。

ただ、裸のユウイチ叔父さんの幽霊がリュウコさんの家に現れて困っていると伝え聞いた。

つるつるの裸

履修していた教科が急に休講になったため、ミナミさんはどう時間つぶしするか悩んだ。その次の講義はとっており出席する気でいる。ただ、講義時間の九十分だけでなく続いて昼休みが入るので、待ち時間はかなり長くなる。家が近ければ一旦帰るところだが、遠距離なので帰る気にならない。というか、帰るともう大学に出てくる気にならない。あいにく、大学の周辺にはコンビニくらいしかないし、友人は午後からの講義しかとっていないので、本当に一人だ。スマホを弄るくらいの暇つぶししか思い浮かばないけれど、ロビーや食堂に一人でそうしていることになり、それはなんとも寂しい。

じゃあ、この機会にこの近くの観光でもしようかと思った。大学の最寄り駅は無人駅で周辺には何も無いけれど、隣の駅は観光地だ。歴史のある町で、わざわざ他府県から来るくらいに観るものはある。ただ、戦国ファンには面白いかもしれないけれど、そうでもないミナミさんにはあまり食指は動かなかった。それでも、偶々《たまたま》、昨晩に両親が観ていたテレビ番組にその町が紹介されていて、なんとなく親近感が湧いていたところだった。時間はたっぷりある。ミナミさんは駅に向かった。

隣駅に着いた。西口から出ると城があるが、そちら側には見てもいいかなと思うものはその城くらいしかない。東口から出ると風情のある城下町があり、店も多くてちょうど昼食を摂るにも都合が良かった。城は後回しにして、城下町に向かった。ちょっと早めの昼食を摂り、食休みも充分にとって店を出た。

観光に来たであろう人々がわりと歩いていた。店が多く建ち並ぶ道だけでなく、そこからはずれて別の道に向かう人も多い。どうやら、観光スポットは散在しているようだ。スマホで予《あらかじ》め見当は付けていたが、ミナミさんは適当に散策することにした。

ふと気付くと、前に行く人がいなくなっていた。依然として風情のある町並みだけれど、観光エリアから離れてしまったように思えた。引き返しても良いけれど、同じ道を戻るのも面白くないので、すぐ先の角を曲がることにした。

と、塀のところに誰かが立っていた。それが本能的にドキリとするものだった。

二メートルくらいある大柄な人物というのもあるが、全面が肌色なのだ。

裸だった。何も着ていない。妙に頭が大きく、プロポーションは幼児のようだ。成人ほどもある身長をした幼児という、異様な存在だ。大きなキューピー人形という印象だった。そう思ったのには別の特徴もあった。まず、笑顔であった。そして、キューピー人形のように体毛がなくて、肌の質感もつるつるなのだ。手足や胴体だけでなく、股間までもが何も無くてつるつるだった。つるつるすべすべ感は、単に毛がないというだけではない。肉の感じというのだろうか、毛穴や皺がまったくない、樹脂でできたオモチャのような質感なのだ。

そこまで覚えているのは、あまりのことに目を丸くして見ていたに違いない、と後で思った。それくらいに、そいつに見入っていた。

人形という第一印象だったが、その異様なモノは作り物ではなかった。表情は変えないのだが、両手を持ち上げた。生きているんだ、とギョッとした。そして、それは笑顔のままミナミさんに迫ってきた。

その動きに我に返ったミナミさんは、変質者に襲われるような恐怖を覚えて、そいつに背を向けて駆けだした。

来た道を駆け戻り、観光客らしき人々の姿を認めて、ホッとした。足を止めて振り向くと、あの巨大な裸の何かの姿はなかった。

もうそれ以上、観光する気は失せて、大学へと戻った。

あれは何だったのだろうか。イタズラだろうか。キューピーという記憶は、実はもっとおぞましい裸体を見ていたけれど、嫌すぎるので改竄《かいざん》したようにも思える。だとすると、単に裸を見せてくる変質者に遭った話になる。納得しがたいし、嬉しいものではないけれど、そのあたりが真相のように思えた。

それから一週間も経っていないある日、ネット動画を観ていると、記憶にあるあの巨大なキューピーを思わせるモノの笑顔が目に入った。おすすめ動画としてあがっている、あるサムネイルにあの顔があり、なぜか目を剝《む》いたミナミさんの顔も出ていた。歪んだ顔が実際とはかけ離れて不細工で、そんなものがアップされているのは不本意だった。というか、そもそも自分を撮《うつ》したものが無断で公開されているのはどうかと思う。

何なのこれ、とサムネイルをクリックし、その動画を再生した。

見覚えのある風景が映っていた。あの日に目にした城下町の光景だ。そこにはミナミさんも映っている。背後からの絵もあるし、横から撮っているようなシーンもある。それに前からも撮っていて、はっきりと顔が映ってもいる。撮影されていた覚えなどない。特に、この正面からのカットなど、撮られているのがわかりそうなものだ。

自分の記憶を疑ってしまうような、そんな不安が生まれていた。

ただ、これは素人対象のドッキリ企画のように思えた。映像が素人っぽくないのだ。であれば、隠し撮りのスキルが凄いのも、有り得そうに思えた。けれど、そんなものを撮るだろうかという疑問を持った。こんな無名人の自分が驚いている姿など需要があるだろうか。それに、そんなものをプロが撮っていたら、ちゃんと事後にタネ明かしするのではないか。そうも思えた。それに動画のタイトルにもドッキリとは書かれていない。「××城の愛」という意味不明なタイトルなのだ。

動画には、あの日歩いた記憶通りに町を進むミナミさん自身が映っている。やはり撮られていたとしか思えない。しかも、こっそり。

いよいよ、あの角にやってきた。その角を曲がると、あの真っ裸のアレがいるのだ。

予想通り、あの巨大なキューピーのようなモノに出くわして、自分がフリーズしている。

けれど、動画内ではミナミさんは逃げ出さずに裸のそれに近づいていった。

うそぉ。

予想外の動きに唖然とする。

近づくだけでなく、その裸の何かに両手を広げ、ハグしていた。後姿だがどう見ても自分だ。あの日の服装でもある。それだけ自分であることが否定できないと、逆に実際には抱きついていたような気すらしてきた。

「気持ちいい、気持ちいいよう」

と、画面の自分は淫《みだ》らな恥ずかしい声を上げていた。

驚きもするが、それよりもいたたまれなくなって動画の画面を閉じた。

しばらく、これはどういうことなのかと考え続けた。また、こんなものが全世界に発信されていることを危惧した。いい恥さらしだ。

動揺と不安ばかりだったけれど、事態収拾へ気が回り始めた。これは、配信サービスの運営サイドに抗議しなければいけないと思ったのだ。まずは違法な動画があげられているという報告だ。

報告は、その動画のページから行うのだと気づき、あの動画を探した。

ブラウザの履歴から飛ぶけれど、なぜかエラーが出て繋がらない。タイトルや、あの町の名などで検索したがヒットしない。

削除されたのだろうか。でも、こんな僅かな時間で？

何か、超常的な闇の存在の仕業であり、一度しか見られないようなものなのかわからないけれど、結局、その動画は二度と見られないようになっていた。他人に観られないようになったのはいいけれど、未だに薄気味悪い出来事である。

卒業した中学のアルバムが古本屋に売られていた話

大阪のある地方都市出身の間宮《まみや》さんは北海道の大学に進んでから就職後もその地に住み続けていた。大学のときに古書店を利用するようになり、それがきっかけでたまに古書店に行く習慣ができた。

ある日、北海道内ながらちょっとした旅行にでた。そのときに、町の古書店を訪ねた。店内を物色していると、妙なものを見つけた。

自分が通っていた中学校の卒業アルバムが売られていたのだ。北海道のこんな地に、大阪の地方都市の市立中学の卒業アルバムが売られている。卒業アルバムを売り払う個人も、それを一般に売ろうとする古書店も珍しいと思ったが、それに加えて偶然にも自分の卒業した中学のものが遠く離れた地で売られている。

こんな偶然ってあるものなのだろうかと縁を感じて手を伸ばし背表紙を見ると、二〇二〇年という字が目に入った。その時はまだ二〇一七年だったので、未来のものだ。そんな訳はない。

驚いて思わず手を放したけれど、二〇一〇年の見間違いだろうと思い直した。そうに違いないと、もう一度見ようと手を伸ばすと、そのアルバムをさっと取り上げる手があった。

何すんじゃ、とそっちに目を向けると、声をかけるのも躊躇《ためら》うような、暴力的な雰囲気のある男がアルバムを手にしていた。白いスーツで濃いサングラスをかけている。傍にいるもっと厳《いか》つい大男の一人に「買っとけや」とアルバムを手渡した。

白スーツの男も大男も、間宮さんを見もせずにレジに進んでいった。そのアルバムをさっさと買って、店の出口に歩いていく。

間宮さんはその反社会的な臭いのするスーツ姿の集団に、そのアルバムは自分が先に目を付けていたものである、と抗議する勇気は無かった。それどころか発行年を確かめるだけなのでちょっと見せてくれないかと話しかけることもできなかった。そのアルバムが買われていくのをただ見ているだけだった。

しかし、あのアルバムのことが気になってしまっている。それで、店主にあのアルバムはどうやって手に入れたのかと訊いた。が、誰から買ったかとか一々覚えていないという答えだった。はいそうですかとただ引き下がるのも悔しいので、卒業アルバムなんかを売り買いするんですかという質問をしてみた。店主はちょっと困ったような顔をして、割とある、と短く答えた。そして、まだ何か続きがあるようで、口を開いたところで、店のドアが開いた。

さっきの大男がずかずかと店内に入ってきた。

うわっ、と思って間宮さんはとっさに目をそらした。男はその勢いのまま、レジにまで直進してきた。

おつりの額が違っているとか、忘れ物とかそんな用で戻ってきたのだろうと、間宮さんはレジからすっと身を離した。

「おい、兄さん」

という大男の声がした。それはどうやら間宮さんにかけられた言葉のようだった。

ビクッとして見上げると、「さっきのは、おめえ用じゃねえから」と凄《すご》んでまた出ていった。

言われなかったら気にならなかったが、そんなこと言われたので、余計に気になった。

あのアルバムはあいつら用ということだろうか？

あれを何に使うというのか。

それに、そもそも、あいつらは何？

我妻俊樹

ズボン

クボくんの友人が働いている会社は、かなり古いビルの中に入っていた。

その古さを表現するのに友人は、エレベーターの動きの遅さとともに「階段がものすごく急で、山登りでもしている気分になる」と語っていたそうだ。

職場は四階なので、行きはなかなか降りてこないエレベーターを根気よく待つが、帰りや外出時は階段を使うことが多かった。

その晩も友人はタイムカードを押した後、エレベーターをちらっと見ると一階にいたので、急な階段に回って下っていった。

二階まで来たところで忘れ物に気づいたらしい。スマホだったかタブレットだったか、とにかく家に持ち帰りたいものだった。なのでエレベーターで引き返そうと思ってボタンを押した。

一階にいたエレベーターがゆっくりと昇ってきてドアが開いた。

と、中にはズボンが落ちていたという。

子供用の青い半ズボンだ。

それが床のちょうど真ん中あたりに落ちている。少し膨らんでいるような形なので、新品ではなく、脱ぎ捨てたもののように見える。でもエレベーターの中でズボンを脱ぐだろうか。しかも子供用だ。このビルには小さな子供が出入りするようなテナントはないと思う。飲み屋か事務所ばかりだ。従業員が子供連れで出勤して、そのズボンが脱げたのか。

四階に着くまでのあいだに、たっぷりそんなことを考えるだけの時間があった。友人は開いたドアから外に出て、事務所でまだ残業している社員に挨拶し、忘れ物を鞄にしまうとふと「エレベーターにズボンが落ちてたんですよね」とつぶやいた。それぞれPCや書類に向かっていた社員たちが、いっせいに彼のほうを見たという。ややたじろぎながら、友人はさらに「子供の半ズボンでしたが」と付け加えた。するど社員たちの顔が、表情は変わらないままなんだか赤黒くなった。熟しすぎたトマトのような色に、それも一瞬で変わったように見えたのだ。

友人はあわてて外に出ると、階段を早足で下りていった。建物の外に出たとき、彼はもうあの職場には二度と行きたくないと思ったそうだ。残業していた社員たちは、きっと何か彼の知らないことを知っているのだろう。

ちなみに、この友人は最近転職してきたので職場では一番の新顔だった。だから他の社員が知っていることを彼だけ知らなくとも不思議ではない。

あのエレベーターではかつて、子供に関わる事件でも起きているのではないか。とはいえ、もし彼が不用意に何かタブーに触れるようなことを言ってしまったのだとしても、あの顔色は何なのか。

どうしてあんな異常な色になるのか。どう考えたっておかしい。

そう思いながら電車に乗って、駅で降りて、自宅に向かって歩いた。

家が近づいてくると、さっきから感じていた違和感の正体が見えてきたような気がした。

問題は顔色ではないのだ。

最初に帰ろうとして職場を出たとき、まだ残って仕事をしている人は三、四人いた。だが忘れ物を取りにもどったとき職場には十五人以上、社員の九割近くが顔をそろえていたはずだ。

いったん帰ったはずの人たちは、なぜもどってきていたのか。帰ったように見えたのは嘘で、帰ったふりをしただけで、本当は帰っていなかったのではないか。

でもなぜそんなことを？

わからない。

たとえわかったとしても、すんなり納得できる理由じゃないに決まっている。なぜかそう思えてならなかったそうだ。

転職したばかりの会社を急に辞めた友人をクボくんが飲みに誘い、口の重い彼から聞き出した顛末は以上のようなものだった。

友人は翌日から出社せず、退職願いも郵便で送付したらしい。

職場からは確認の電話一本入ることなく、本当に退社したことになるのか心許なかったが、最後の給料はきちんと日割りで振り込まれていた。

だが、なぜか振込元の名義が会社名ではなく、前社長の個人名になっていたそうだ。

前社長は、半年前に遺書も残さず首吊り自殺しているのである。

鬼さん

友香子《ゆかこ》さんは語る。

「家の前の道路は車がほとんど通らなくて、だから遊んでる子たちも多かったんですよ」

平日の午後、パートに出る時間まで余裕があった彼女は昼間の家事をひととおり終えた後、リビングでくつろいでいた。

と、家の外で甲高《かんだか》い声が聞こえる。数人の子供が何か遊びに興じていて、興奮してあげた感じの笑い声だ。この時間にもう学校が終わって帰宅しているのは低学年の子かな。そう思いながら彼女は何気なく窓のほうに目をやった。リビングの大きな窓からは塀に阻まれて道路は見えないが、声がするのはちょうど塀の向こうだ。

「鬼さん鬼さん、もっとやって！」

「ねえ鬼さん！　鬼さんってば！」

「もっとやってもっとやってもっとやって！」

鬼ごっこでもしているのか、そんなキンキンした叫び声が聞こえてくる。だが子供たちの言い方が、なんとなく友香子さんには引っかかったのだという。

「子供が子供どうしでふざけあってるときと、大人に話しかけるときって微妙に言い方が違うじゃないですか、声のトーンとか」

そのとき塀の向こうから聞こえたのは「大人が相手のときの話し方」だと思ったのだ。近所の子供好きな大人が遊んでやっているのだろう。そう思ったものの、姿が見えないばかりか大人のほうは声も全然聞こえてこない。最近よく見る、幼い子供が被害に遭った陰惨な事件のニュースがふと頭をよぎった。友香子さんは落ち着かない気分になり、心配しすぎかなとは思ったものの、とにかく相手の大人の顔をひと目見ておけば安心できるだろうと思って玄関に向かう。サンダルを突っかけて外へ出ると、門扉から身を乗り出しさりげなく道を窺《うかが》ってみた。

すると、そこに立っていたのは見たことのない若い男だった。

短い髪で、地味なシャツを着た二十代前半くらいの男性。友香子さん宅の塀を背にして立っていて、どことなく険しい表情の顔はうつむきがちに前を見ている。

「偏見だとは思うんですけど、住宅街に平日の昼間私服で立ってる成人男性って、それだけで正直ちょっと警戒しちゃいますよね？　そのときはまして子供たち相手に遊んでると思ったから……」

すっかり警戒モードになってしまった友香子さんは、男の視線を追って道路を見渡したが周囲に子供の姿はない。だが声のほうは相変わらずうるさいほどだった。まるで子供たちが男を囲んで囃《はや》したてているように聞こえるが、目の前にいるのは男だけで声の主の子供たちは見あたらないし、路上には隠れるような場所もなかった。

「鬼さん鬼さん、やってってってば！」

「やってやってやって！」

主のいない声を浴びながら男は額に汗を浮かべ、うつろな目で半開きの口から苦しそうな声を漏らしている。

「……鬼だぞう」

やがて蚊の鳴くような声で男がぽつりとそう言った。そのとき周囲にひときわ高い笑い声が響いた。

「鬼さんだ鬼さんだ！」

うれしそうに連呼する子供たちの声とともに、赤い影のようなものがいくつも現れると男の前で飛び跳ねて踊るような動きを見せた。それらは子供の背丈だがよく見れば毛皮のような服を着て頭には角が生えている。鬼だ、と思いながら友香子さんが声も出せずに見ている前で、鬼たちはひとしきり小躍りして騒ぎ立てたのち、ふいに掻き消えてしまう。

辺りは静まり返って、男の荒い息の音だけが聞こえていた。

その日から一ヶ月ほど後、友香子さんの家の近くの児童公園で木の枝に首を吊って死んでいる若い男性が発見された。男性は公園に隣接するマンションに住む大学生だったようだが、伝え聞く外見の特徴などから友香子さんはあの日、鬼に囃《はや》されていた男ではないかと思っている。

「そんなことがあったものだから、家にいて外から子供の声が聞こえてくるとひやっとしちゃうんですよね」

さいわい鬼らしきものとは以後一度も遭遇していないが、もし自分があの男性のように鬼に囲まれて囃し立てられたらどうすればいいのだろう、どう対応するのが〈正解〉だったのだろうと、時々考え込んでしまうのだそうだ。

紅葉ドライブ

恵梨《えり》さんの母親が昔友達とドライブに行って、運転していた友達が疲れたというので近くにあったドライブインの駐車場に車を乗り入れた。

昼食を済ませていたので店に入るか迷ったが、見ると窓は暗く入口が南京錠で施錠もされている。営業していないドライブインのようだ。ちょうどいい、このまま休ませてもらおうということで友達が仮眠をとり、母親は周囲を少し散策してみることにした。

紅葉の季節で、それを目当てのドライブだったがこの辺りの景色はとくに素晴らしい。写真を撮りながら歩いていたら一台の青いミニバンがすーっと追い越して少し先で停まった。見れば男性ばかり四、五人が乗っているようだ。ナンパかと思って警戒し引き返そうとすると、男たちは車から降りて路傍の繁みを覗き込むようにしている。

立ち止まって聞き耳を立てたらこんな会話が聞こえてきた。

「祠《ほこら》あるでしょ、祠」

「見えねえよ、草ばっかりだろ」

「もっと近くに行こうぜ」

「だめだって、ここが限界なんだって」

「だけど見えねえし」

「アオキの右手見ただろ？　なんか黒くなって腫れてたの」

「触んなきゃ大丈夫でしょ」

「いやアオキ直接触ってないんだよ？　木の枝でつついただけ」

「えっそれだけで手が腐ったの？」

「腐ってない。でも固まって動かないらしいんだわ」

「やばいなそれ」

「やばいよ、絶対写真とか撮るなよ」

「いや撮るだろ、いったい何のために来たんだよ」

「やめとけって、死人だって出てるんだからよ」

「それはヤベ先輩が吹かしてるだけのことだろ」

「ヤベ先輩シンナー中毒だから言ってること八割信用できない」

「さすがにもうやってないでしょシンナー、今年三十だし」

等々。男たちはひとしきり道端で騒いでいたが、やがて気が済んだのかぞろぞろと車に乗り込んで立ち去ってしまった。

彼らが見に来たらしい「祠」とやらに興味がわいたので、母親は車が停まっていたあたりまで歩いていった。そこから暗い森を覗き込むと、たしかに小さな社のようなものが草の陰にわずかに見える。男たちの口ぶりだと祟りをなすという噂があるのだろう。言われてみればどこか重苦しいような、それらしい嫌な空気を感じたそうだ。

母親がドライブインにもどると、友達は車から降りて縁石に座り込んでいた。

仮眠していたら悪い夢を見て目を覚ましたのだという。

「運転してる夢なんだけどさ、急に手が黒くなって腫れあがっちゃって、ハンドルが握れなくなるの」

それでガードレール突き破っちゃって谷底に転げ落ちていくところで目覚めたの、最悪の寝覚めだよと顔を曇らせている。

母親はさっき聞いた男たちの話との符合に驚いて、腕に鳥肌を立てながら友達にその話をした。

黙って聞いていた友達はますます険しい顔になりながらこうつぶやいたそうだ。

「その話に出てくるヤベ先輩ってあたしの兄貴かもしれない……。言わなかったっけ？あたしの旧姓ヤベなんだ」

友達はそのときは独身だったが以前結婚していたときの姓を名乗っていた。それ以前の、母親と知り合う前の旧姓はヤベだったということらしい。

「今年三十だし、不良だったしシンナーで頭いかれてたのも事実。この道沿いの祠がどうとかっていう話も何度聞かされたかわかんないけど、どうせ妄想だと思って聞き流してた。でも祠じたいは実在するんだね」

案内してよ、と言われて母親はさっきの場所へ友達を連れていった。

すると友達は母親が止める前にどんどん森の中へ入っていって、「へえ、これがねー」などと言いながら祠のまわりをうろついている。

「やめなよ、祟りがあるみたいだよ！」

そう母親が叫ぶと笑いながら振り返り、

「うちの兄貴のつくり話だよそんなの。祟りとかあるわけないでしょ、シンナー漬けの脳みその創作」

そう言って祠の屋根をぽんぽんと叩くと「別に大して古くない祠だよ、あたしらより若いんじゃない？」などと言いながらもどってきた。

そしてもう元気になったからと言ってドライブを再開したのである。

「その日帰り道で起きた事故が原因で、母は重傷を負ったんですよ。右手と右足が折れたのかな、足の骨はけっこう粉々だったみたいで、今でもぱっと見は普通に歩けるけど走ると引きずる感じなんですよね」

恵梨さんは語る。

山道のカーブでガードレールへ突っ込んだ車は幸い谷底へ転落することは免れたが大破、友達は「運転中に急に手が黒く腫れ上がってハンドル操作できなくなった」と主張していたらしい。

だが友達自身は奇跡的にほとんど無傷で手にも何も異変はみとめられなかった。

悪夢が現実化したということになるはずだが、友達は母親にそんな夢の話をしたことをいっさい覚えていなかったという。

事故のショックによるのか祠に触ったことも記憶になく、ただ恵梨さんの母親に怪我を負わせたことへの自責の念で心を病んでしまい、療養のため祖父母の暮らす四国へ移住することになった。その後は音信不通になっているようだ。

「母は事故のことでその友達を全然恨んだりしてないって言ってるけど、一つだけ、退院後に友達のお兄さんに会ってるんですよね。それが話と全然違って真面目そうな、小学校の先生してる人で。そのことも驚いたけど、お兄さんの苗字、つまり友達の旧姓もなんだけど、ヤベじゃなくてアオキだったんです。そのことにすごく引っかかってるみたいで」

「そして会ったときお兄さん、右手に包帯してたそうなんです。包帯越しでもわかるくらいパンパンに腫れてたらしくて。それがどういうことなのかいくらか考えてもよくわからなくて、今でも思い出すとなんだか頭が変になりそうだって言ってます」

その右手、もしかして黒くなってるんですか?

「喉元まで出かかっていたその言葉、どうにか飲み込んだそうです」

猫のホテル

保和《やすかず》さんは十五年ほど前に会社を辞めたとき、無職になった記念に二週間ほど全国あちこちを旅してまわった。その中の一夜、東北のとある繁華街で予約していたはずのホテルの部屋が何かの手違いで取れておらず、満室だと言われ困惑してしまう。しかたなく別のホテルへ行くと部屋はあるが、柱の位置の関係で少し部屋の形が変わっていて狭いがそれでもいいですかと訊かれ、かまわないと答えたという。

じっさい部屋を見てみるとたしかに三角形に近い形でベッドが斜めに置かれている。狭いといっても夜寝るだけの部屋だから問題はない。

荷物を置いて食事に出て、帰ってきたのは日付が変わるくらいの時刻。シャワーを浴びて、翌日の行程を考えていたらニャーという声が背後で聞こえた。テレビをつけていたのでその音だと思ったが、ちらっと見ると何やら政治的な討論をしている番組だった。そこにまたニャーという声がして、作り付けのデスクの陰から黒い猫の顔が覗くのが見えたという。

どこから入ってきたんだ、と驚いて保和さんが立ち上がると、猫はすっと首を引っ込めてしまう。死角に回ってみたがなぜか猫の姿はなかった。どこへ行ったのかと見まわすと、いつのまにかベッドの上に尻尾を立てて座っている。おそらくまだ若い猫のようだ。窓は開いていないし、元から部屋にいたとしか思えない。掃除のときにでも入り込んで、そのままどこかに隠れていたんだろうか。

逃がさないようにゆっくりと近づき、頭を撫でようとするとふっといなくなる。見れば今度は床の上でこちらに尻を向け、振り向きざまにニャーと鳴いた。保和さんは首をかしげた。猫がベッドから飛び降りるところを見ていない気がしたのだ。

酒が入っているのでこっちの反応が鈍くなっているだけだろう。そう思って今度は床に膝をつき、身を屈めて「逃げないでねー、こっちおいでねー」と猫なで声で話しかけながら手を伸ばすと、においを嗅ぐようなしぐさを見せた猫の姿がまたふっと見えなくなる。

死角になっているところを片っ端から確認したが、なぜか猫は見つからなかった。閉じている引き出しやバッグの中まで調べたそうだ。どこかに部屋の内外をつなぐ出入り口があるんだろうか。そう疑ったものの、もしあったとしてたぶん猫が一匹やっと通れる程度の穴か隙間だろう。それならべつに防犯上の心配もないはずだし、もしフロントに文句を言ってもかわりの部屋はないはずだ。猫の来訪だけならむしろ歓迎だし、とひとまず放っておくことにした。

夜中にお腹が重たくて目を覚ます。

何かが毛布の上に乗っている、とわかったときすぐ「猫だ」と保和さんは思った。暗く落としたベッドライトがシルエットを浮かび上がらせている。あんなに逃げ回って触らせてもくれなかったのに、と思ったがどうも猫の挙動が不自然に感じられた。

中途半端な姿勢で固まっているというか、腹の上に寝ている、あるいは座っているというより、なんだか嫌々そこにいて逃げたくても逃げられないといった様子。

なんとなく嫌な予感がして、保和さんは猫に手をのばす前に枕もとのナイトパネルを手探りした。

すると照明が明るくなる直前に猫の体がふわっと浮き上がる。そのとき猫の背中を掴んでいる二つの白い手が保和さんにははっきり見えたという。

猫は四本の足をじたばたさせながらその白い手とともに天井のほうへ遠ざかり、照明の光の中へ掻き消えてしまった。

動揺してベッドを出た保和さんは二度寝することはもちろん、朝まで腰を落ち着けることもできず狭い部屋の中をうろうろと歩き回った。

酒をかっくらって眠ってしまうことも考えたが、そうすると今度はあの白い手が直接自分の首でも絞めに来るのではないかと思えて、とてもその気になれなかったのである。

あの晩の手の主がこの世のものでないことはたしかだが、猫は実在の生きた猫だったのではないかと——毛布越しに感じた重みを記憶から呼び起こすたび——保和さんは少しだけ思っているそうである。

幽霊の出ない部屋

通康《みちやす》さんは、四十歳になるまで一人暮らしというものをしたことがなかったという。ずっと実家暮らしで、生活費もろくに家に入れず給料をまるごと趣味のバイクと音楽につぎ込んできた。ところが最近になって両親が家を手放す話が突然浮上した。建物がかなり老朽化しているので、大々的に補修するか建て直す必要があるが、それならいっそ家を売って母親の郷里の長野に引っ越そうかという話になっているのだ。

これには通康さんはかなり慌てた。引っ越し先の家に通康さんの部屋があるかどうかは不明だが、どのみち長野から横浜の職場には通えない。まだ本決まりではないものの、近いうちに人生初の一人暮らしを始める可能性が高くなった。

そこで一番の問題は、じつは家賃や生活費のことではなかった。洗濯や料理など家事に不慣れなことでもない。

通康さんは極度の怖がりだった。つまり一人暮らしの部屋に幽霊が出ることを何よりも恐れていたのである。

だからもし住むなら絶対に幽霊の出ない部屋でなければならない。ところが通康さんは怖がりのくせに怖いもの見たさで怪談本や怪談の動画をつい見てしまう。するとこの世に幽霊と遭遇した人たちがあまりに多いことに絶望的な気分になる。こんなにそこらじゅうで心霊体験をしている人がいるなら、幽霊が絶対に出ない部屋など存在しないのではないか。べつに事故物件だとか、土地に因縁のある建物などを避けたところで幽霊出現可能性はゼロにはならないようだ。そもそも土地の由来なんて調べのつくことは限られている。その物件が建つはるか昔にその場所で行き倒れた人がいたかどうかなんて、どんな文献を調べてもわかるはずがないのだ。

考え出すとノイローゼになりそうなので、何かシンプルに安心できる手段がないかと考えた。思いつくのは信用できる人に「ここは大丈夫」というお墨付きをもらうことだ。

そこで知り合いのつてをたどって、ある人物を紹介してもらった。霊感があるという人なのだが、それを仕事にしているわけではないらしい。子供のときからずっと、日常的にこの世ならざるものが見えていたという五十代くらいの女性Jさん。彼女に内見に付き添ってもらうことで、幽霊が出るほんのわずかな可能性も徹底的にチェックしてもらい、絶対に幽霊を見ないで済む保証付きの部屋を見つけ出し、一人暮らしに備えよう。時間をかけて探せばきっと理想の部屋は見つかるはず。通康さんはそう考えたのだ。

会って話してみるとJさんは意外と陽気な人で、通康さんの考えと怖がりっぷりを笑いながら聞き、バイトの時給程度の謝礼でこの仕事を請け負ってくれた。

不動産屋に不審に思われないよう、Jさんのことは姉で通すことにする。最初に訪ねた不動産屋は、通康さんがネットで調べて気に入った部屋を取り扱っていた店だ。家賃や立地、広さなどの条件では文句なしと言っていいが、当然のことながら一番の問題は幽霊だ。

不動産屋の車でまずはネットで目を付けた部屋へ。築年数は経っているが家賃がかなり安く、陽当たりがいいことや角部屋であることもポイント。ファミレスや牛丼屋が至近にあり外食派の懐にも優しい。だがアパートを見上げるJさんの表情が冴えなかった。

「ここは二人亡くなっている人がいるわね。孤独死」

そう言って彼女がすばやく指さしたのは一〇一号室と二〇二号室。つまり真下と隣の部屋だ。

「たぶん何か見たりすることはないと思うけど、まあ可能性ゼロとは言い切れないかな」

それを聞いた通康さんは部屋に上がるどころか車を降りさえせず「次の物件お願いします……」と不動産屋に告げた。

二つ目の部屋は駅から徒歩三分、七階建てマンションの五階。Jさんが穏やかな表情で車を降りたので、ほっとして通康さんも従った。

だがエレベーター前でJさんの目にやや翳《かげ》りが現れる。部屋の中を見ている間はにこやかで、通康さんのほうを見て何度もうなずいたが、帰りのエレベーターでまた表情が曇った。

「わかりましたか？　エレベーターの中に子供がいましたね」

建物を出るとJさんは小声で言った。通康さんは鳥肌の立った腕をこすりながら、首を激しく横に振る。

「何も感じなかったの？　それならたぶん大丈夫ですよ、別に悪いことするような子じゃなかったし。部屋までは来ないでしょうし。エレベーターに乗っている間くらい、べつに気にすることないでしょう」

「だ、だけど、霊感ゼロから急に見るようになったりすることもありますよね？」

「まれにそういうこともあるとは聞きますよね」

万が一そうなったときも大丈夫なようにと、この物件も候補から外された。

次に訪れたのは築六年のアパート。それなりの家賃だが部屋は広く収納も豊富。だが建物を一目見るなり、Jさんは意味ありげに「なるほどねえ」と言った。それできっとこれは駄目な物件なんだなと通康さんは直感した。

部屋に入るとJさんはひたすら「納得」するようにうなずき続けた。不動産屋が離れた隙にぼそっと「土地ですね」とJさんは言った。

「土地が嫌な感じがしますね、ここは。たぶん以前ここにあった建物、もしかしたら百年くらい前のかもしれないけど、そこで何人か亡くなってると思うんです。でも大元はそこじゃなくて、もっと古くて私なんかじゃ見えないようなところに何かあるような。だからここに住むと幽霊も見るかもしれないけど、それより健康面のほうが心配ね。意味もなく気が沈んだり、怒りっぽくなったり、原因不明の体調不良とか、あと仕事中に集中力がなくなって思わぬ怪我をしたりとか。たぶん住人の方でそういう経験をされてる人がたくさんいらっしゃるような……」

仕事で工事現場に立ち会う機会の多い通康さんは身震いした。もちろんこの物件も候補外である。

このように通康さんとJさんは何軒もの不動産屋を回り、内見を重ねた。

結果、築年数の浅い物件ほど幽霊を見る可能性は低い、という当然と言えば当然のことが確認できたそうだが、通康さんの求める「絶対に幽霊を見ない」という条件にかなう物件にはなかなか巡り合えなかった。室内はきれいなものでも、建物や敷地にどこかしら不安材料がある。つまり何かの拍子に幽霊を見てしまうことがゼロとは言い切れないと言われる。また建物や敷地はきれいでも周辺に何か霊的なものをざわつかせる磁場があれば、とばっちりのようなかたちで幽霊を見ることはありえますとJさんは語った。

「たとえば古い神社とか古いお墓とか。それが直接祟りをなすっていう話じゃなくてね、もし近くに観光地があったらそこを訪れる観光客が家の前を通ったり、時には道を訊かれたりするでしょう？　そういうあちら側の世界でのね、人の動きをつくる土地や施設っていうのは同じようにあるんですよ。その影響まで完全に排除するっていうのは、けっこう骨が折れるかもしれませんねえ」

半年近くかけておそらく三桁は回った内見で、通康さん自身は具体的に幽霊のようなものを見ることはなかった。だがJさんとずっと一緒にいた影響か一度だけ不思議な体験をしている。あるマンションを外から見上げたとき、ベランダに通康さんが自宅で使っている掛布団と同じ柄のものが干されていた。ああ、うちと同じだなと思っていると、いきなり後ろ姿の男がそのベランダに現れた。その男の着ているシャツが通康さんがそのとき着ていたシャツとあきらかに同じもので、髪型や背格好もそっくりだったそうだ。

ぞっとしてJさんにも見るように促したが、なぜか彼女は気づかない。部屋の位置をくわしく教えてもどうしてもわからないようで、ずっと首をかしげていたらしい。

その後母親が腰を悪くしたこともあって両親の移住計画はひとまず棚上げ、無期限延期になっている。だから通康さんの〈幽霊の出ない部屋〉探しのほうも中断したままだという話である。

神薫

ゆるキャラ

山崎《やまざき》さんはデザイン事務所を起業したとき、バス停近くの一戸建てを仕事場に選んだ。

「駅近じゃないから家賃は安いよ。固定費を抑えるのはフリーランスの基本だから」

中古ではあるが築浅で、事故物件ではないことは不動産屋に確認済みである。

「内見のときにちょっと、アレッ？　てことがあった。応接室の天井近くに何かオブジェがあるなって思って、二度見したらそこには何もなかった」

事務所オープン前日、彼が妻子に事務所内部を披露した際にも、奇妙なことが起きた。

「そのとき、一歳になる息子を妻が抱っこしていたんだ。二人が応接室に入ったら、息子が上を向いて、〈キャキャキャキャキャ！〉って笑い出したの」

その日、朝からグズりがちだった息子さんが、誰かにあやされたかのように急にご機嫌になったのだという。

「息子の目線を追ったら、応接室の天井近くの何もない壁をじっと見てたの。まあ、幼児が大人には見えない何かを見ているなんて、よくある話だよねーって妻と話しててさ」

そんなことがあってから数日後に、山崎さんがクライアントと事務所で打ち合わせをしていたときだった。

顧客と応接室に入り、テーブルをはさんで向かい合う。山崎さんが一旦席を立ち、コーヒーを淹れて戻ると、顧客は書類の隅に落書きをしていた。

「何ですか、それ」と山崎さんが問うと、「ああ、そこにヘンテコな飾りがあったから、スケッチを……」と、壁を指差した顧客が凍りついた。

さっきまで応接室の天井近くの壁に、カバに似たゆるキャラのお面のような物が掛かっていたのだと、顧客は首を捻《ひね》っていた。

「そのときのイラストがこれなんだけど、これを見たら子供は笑うよなあ、と」

その絵には、大きな鼻の穴に少女マンガの如きキラキラした目の、人とカバを融合させたかのような顔が描かれていた。

事務所に一人でいるとき、たまに山崎さんも応接室の天井付近に何かが居るような気がするという。

「悪いモノだとは思えないんで、放置してる。それが招き猫とか福の神みたいな存在で、僕を儲けさせてくれたらいいいんだけどね」

何か続報があれば知らせると言って、山崎さんは晴れやかな笑顔を見せた。

残像

亮さんは亡くなった家族が現れる家に住んでいる。

事故で失った家族三人が、不定期に家のあちこちで姿を見せるのだと彼は言う。

「家族を亡くしてから、一ヵ月ほど経ったころでしたね。最初に見たのは母親でした」

亮さんが朝に目を覚ましてリビングへ行くと、生前同様に割烹着姿の母親が台所に立っていた。トントンと包丁で何かを刻む音はするが、母親の手元はぼんやりとして見えない。

「いつものように朝食の支度をしてたので、一瞬、母が死んだというのが夢で、本当は生きていたのかと錯覚してしまいましたよ」

「母さんおはよう」と亮さんが呼びかけると、母親は振り向きもせずに消えてしまった。

死亡時に高校生だった弟は、勢いよくトイレのドアを開けて出てくる。足もあって生きているようにしか見えない姿であっても、廊下を数歩進んだところで弟は消えてしまう。

トイレを流す音まで聞こえるので、弟を見た直後に便器を覗き込んだこともあるが、便器に溜まった水面にはさざなみ一つなく、実際に水は流されていないようだった。

休日によくリビングで見かける父親は、ソファーに腰掛けて新聞を読んでおり、お気に入りだった老眼鏡を掛けている。

「その老眼鏡は生前父が愛用していた品で、僕が火葬の際、父の棺に入れたんです」

亮さんは何度も試みたのだが、家族とコミュニケーションはとれないという。

「みんな生前同様にこの家で暮らしているけど、僕のことは認識してないみたいです」

霊の頻発する家に、何故亮さんは住み続けているのか？

「怖いとか、不気味とは全然思いませんね。亡くなっていても家族ですから。引っ越すなんてとんでもない。家族が懐かしくて、僕はこの家を出られないんです」

おそらく家族の姿は家に遺された残像なのだろうが、それでもいとおしいのだと彼は言う。

「ときどき思うんですよ。本当は家族の中で僕だけが死んで霊になっていて、生きているみんなと一緒に家に住み続けているんじゃないかって」

「その方が良かった、本当に」と亮さんは嘆息していた。

おふくろの味

沢井さんは、在りし日の母親が作ってくれた味噌汁の味が忘れられないと話す。

「スーパーで売ってるパック詰めの味噌、うちでは買ったことなかったよ」

専業主婦だった彼の母親は、味噌も家で手作りしていたそうだ。

「出汁《だし》も昆布や煮干しでとっていて、絶品だった」

味噌汁の具材となる野菜まで、彼の母親は庭で丹精込めて育てていたのだという。

「おふくろの味噌汁には、愛情って魔法がかかってた。毎朝炊きたてのご飯と手作りの味噌汁が飲めるのが、どんなに幸せなことだったか」

彼が大学生のとき、母親は交通事故で亡くなった。

「おふくろは一人で商店街に買い物に行って、暴走車に轢かれたんだ。即死だった」

伴侶を失って気落ちした沢井さんの父親は、程なくして自死を選んだ。口さがない人々から「事故の保険金で左うちわで暮らしてる」などと噂され、追い打ちをかけられたのだ。

両親を立て続けに亡くした沢井さんは悲しみに浸る間もなく、社会人として働き始めた。

「就職決まったから頑張るよ！　って両親の位牌に誓ったのに、頑張れなかったなぁ。そこ、ブラック企業でさ。体を壊してそこを辞めてから、なんにも上手くいかない」

収入の不安定な日雇い生活を続けるうち、沢井さんはふと懐かしい匂いに気づいた。

「仕事で辛いことがあって、もう死んじまいたいって思うと、鼻先にフッと香るんだ」

それは、もはやこの世に存在するはずのない、母親の手作りの味噌汁の香りだった。

発酵した味噌が醸《かも》し出す、馥郁《ふくいく》たる香り。その香りが、両親の死後、彼が一人で住む一軒家の居間に充満している。

「最初は、香りだけだった。でも、そのうち……」

現場で失敗し、酷《ひど》く叱責を受けた沢井さんが打ちひしがれて帰宅したときだった。

玄関に入るなり、ぷぅんとあの懐かしい味噌の香りがした。

見れば湯気の立った味噌汁が一杯、食卓に置いてある。

お椀を取ろうとして伸ばした手を、沢井さんは反射的に引っ込めた。

「そりゃあ飲みたかったさ。夢にまで見た、おふくろの味噌汁だもの。だけど」

そのとき、強烈な違和感を感じたのだという。

「巧く言葉にできないんだけども、そんとき。おふくろが俺を連れに来たんだなあと、思ったの。いわゆるアレよ、ヨモツヘグイ。だから食べないで、ただ見ていた」

表面から湯気が立たなくなったころ、味噌汁は音もなく眼前から消えていた。

沢井さんは、嫌なことがあると自宅に現れる味噌汁をヨモツヘグイだと考えた。ヨモツヘグイとは、古事記に出てくる黄泉《よみ》の国の食物である。イザナミが死後にヨモツヘグイを食べてしまったせいで死の国の住人となり、イザナギが迎えに行っても生き返ることが許されなかったという神話で知られる。

辛いときに現れる味噌汁は、亡き母が息子を応援しているように思えるが、当事者の沢井さんは、息子を連れていきたい母親からのヨモツヘグイとして受け取っているのだ。

どちらの解釈が正しいのかは、それこそ沢井さんの母親にしかわからぬことだろう。

「まだ、もう少し生きていたいから食べないつもりだけどさ。どうしても辛いときには、食べたいなあと思うこともある。もし、俺から連絡がなくなったら、味噌汁を飲んだんだということで、ね」

この話を聞いてから三ヶ月ほど、沢井さんからの連絡はない。彼の携帯電話は不通となっており、両親が彼に遺した家も、現在は売り家となっているようだ。

ひょっとして、沢井さんはヨモツヘグイを口にしてしまったのか。

それとも、亡き両親の思い出残る家を売り、新たな世界へ旅立ったのか。

どうか、後者でありますようにと願わずにはいられなかった。

緑婆

まさみさんは知的な印象の美人だが、見た目にそぐわず割とそそっかしい一面がある。

「小学校で階段を踏み外して、足首をくじいてしまって。もう腫れるし痛いし、足首の骨が折れたのかも！　って大泣きしたんです」

すぐに学校から家へ連絡が行き、母親が車で迎えに来た。

そのまま母親の運転で町に一つしかない整形外科医院へ行く。

医院で受付を済ませて診察の呼び出しを待つ間、母親がトイレに行った隙に、その人は現れた。待合に置かれたソファー、先刻まで母親が座っていた場所に、見知らぬ老女がいつの間にか座っていたのだ。

「〈あなた、痛そうね〉って、緑に髪を染めたおばあさんが私に話しかけてきたんです」

この人、いい人だな。私のことを心配してくれているんだな。そう思ったまさみさんが「痛いけど、大丈夫です」と応えたところ、いきなり老女は長い舌をベロリと出した。紅い舌先を伝わり、老女のよだれがぽたぽたと足元に零《こぼ》れ落ちる。

「ねえあなた、痛いとこ舐《な》めさせて？　舐めたら痛くなくなるから」

老女はゆらり、ゆらりと舌を左右に揺らし始めた。目の前で揺れる、舌苔《ぜったい》の無い深紅の舌を見ていると、彼女はふっと気が遠くなった。

「まさみ、どうしたの？　しっかりしてっ！」

意識を失いかけたまさみさんを抱き起こしたのは、トイレから戻った母親だった。

まさみさんが目を開くと、さして広くもない待合室のどこにも、緑に髪を染めた老女などいなかった。その代わりに粘つく透明な液体が数滴、リノリウムの床の上に落ちていたという。

レントゲン撮影の結果、彼女の足首は骨折しておらず、軽い捻挫で済んだ。

その後、高校生になったまさみさんはうっかりして、またもや負傷する羽目になった。路面がつるつるに凍った冬に、ソールのすり減ったスニーカーを履いていた彼女は道路で転倒、腰を強打してしまったのである。

「痛みで歩けなかったけど、命に別状はないと思ったので救急車は呼ばなかったですね」

彼女は母親に電話して、最寄りの整形外科医院へ連れていってもらった。

母親に肩を支えられながら医院待合室に入ったとき、鮮明に小学生の頃の記憶が蘇った。

「あ、ここ緑のおばあさんがいた病院じゃん、って。またあの人が〈舐めさせて〉なんて言ってきたら、嫌だなあって」

予想に反して、その日、彼女は緑の老女に話しかけられることはなかった。

「たぶん、その日は母がトイレに行かないで、ずっと私の横に座ってたからかも」

まさみさんがほっとしていると、自動ドアが開いて、杖をついた高齢男性が来院した。

その男性は、彼女ら親子の後ろの席に大儀そうに座った。

まさみさんが振り返ると、いつの間にかその男性の横に、緑の髪の老女が座っていた。

「最初に見たのは私が小学一年生のときなんで、そこから十年は経ってる計算なのに……緑のおばあさん、昔と見た目が全然変わってなかったんです」

緑の髪の老女は、杖をついた男性に何やら話かけているようだった。

「そのとき、ちょうど私は名前を呼ばれたので、レントゲン室に入りました」

まさみさんが腰のレントゲン撮影を終えて待合室に戻ると、救急車のサイレンが近づいてきて停まった。後ろに座っていた高齢の男性がストレッチャーに乗せられるところだった。

待合室にいた母親によると、その男性が、いきなりソファーから床に転落したのだという。男性は頭を打ったため医師の判断で救急車が呼ばれ、総合病院に搬送されていった。

まさみさんが気になって尋ねたところ、待合室にいた緑の老女の姿を母親は見ていなかった。

「私の想像なんですけど。あの杖ついたおじいさん、たぶん、緑の髪のおばあさんに何か変なことされて、それで倒れちゃったのじゃないかって」

診察の結果、彼女の腰は単なる打撲ゆえ、安静にしていればよいとのことだった。

医師の見立ては正しく、しばらく湿布でしのいでいると腰痛は軽快した。


まさみさんが再びその医院を受診したのは二年後、彼女が大学生になってからのことだ。

その日、自宅で転びかけた彼女は、とっさに壁に手をついて左手の小指を突き指してしまったのだ。

「もうそこは町に一つの整形外科じゃなくなって、他に新しくてきれいなクリニックが何件も出来てましたけど、診察券もあるしそこでもいいかなって。緑のおばあさんのことは、なんでかわからないけど……すっかり忘れてました」

受傷部位が小指であったこともあり、彼女は母親の付き添いを断ると、自転車に乗って件の整形外科医院へ向かった。

「たぶんそこ、競合する新しく出来た病院に患者を取られたんでしょうね。その日、待合にいた患者は私一人きりでした」

受付に健康保険証と診察券を出し、待合のソファーに座ってスマホをいじっていると、音もなくその人はやって来た。いや、やって来たというより、いつの間にか隣にいたのだ。

「あっ、緑のおばあさんが来た！　まだいたのかって驚きました」

間近に見る老女の頭髪は一本残らず緑色だった。顔には深い皺《しわ》が無数に刻まれ、何歳なのか見当もつかない。

緑の髪の老女は暗い瞳で彼女を見据えると、こう言った。

「あなた、痛そうね」

忘れもしない、まさみさんが小学生のころ、この老女に言われた言葉と同じであった。

「このままおばあさんの話を聞いてたら、また〈舐めさせて〉って長いベロをぶらぶらするだろうから、阻止しようと思って」

即座にソファーから立ち上がり、まさみさんは医院の受付に駆け寄った。

「ちょっと、あの緑の髪の人、何なんですか⁉」

指さそうとしてまさみさんが振り返ったとき、狭い待合室のどこにも緑の老女は見当たらなかった。

あっけにとられている彼女に、受付の女性が面倒くさそうにこう言った。

「そんな人、ここにはいませんよ、緑の髪のおばあさんなんて、見たこともない」

レントゲンを撮ると小指は脱臼骨折していて、まさみさんは左手に添え木を当てられて帰宅した。

「家に帰ってから気付いたんです。私、〈緑の髪の人〉とは言いましたけど、〈おばあさん〉とは言ってないんです。どうして受付の人は〈おばあさん〉って言ったんだろう」

おそらく、その医院で働く人々は待合室に〈緑の髪の老女が出る〉と知ってはいるが、対外的には〈そんなモノはいない〉で通しているのだろう。

コロナ禍もあってか、件の整形外科医院は既に閉業している。

「そこ、お医者さんの腕はよかったんです。でも、不気味な緑のおばあさんが出る病院なんて、通う気起きないですよね」

閉業後も医院の建物は取り壊されず、空き家として今も彼女の住む町にある。

美婆

柔道整復師兼マッサージ師の佐藤さんは、数年前に独立して自分の店を持った。

彼が開業したのは、整体院や接骨院が林立する激戦区。腕さえよければ勝負できると見込んでのことだったが、その目論見《もくろみ》は当たった。開業間もなく佐藤さんの接骨院は丁寧な施術から良いクチコミが広まり、待合室が常に満席になるほどの繁盛店となった。

順風満帆だった仕事に影がさしたのは、開業して一ヶ月ほど経過したある日のことだ。

連日予約が埋まっていたのに、その日は急なキャンセルが相次ぎ、待合室から客の姿が消えた。いつもであれば老人客が詰め寄せる朝も閑古鳥で、仕事帰りの人々で混み合う夕刻を過ぎても、通常なら二桁は来院する飛び込み客が誰一人として来ない。

「経営が軌道に乗ったと思ったら、ぱったり誰も来なくなるなんて、ショックでしたね」

じりじりと一人で時計を見つめていると、受付終了時刻寸前に来客を知らせるドアベルがこの日、初めて鳴った。

飛び込み客は派手な女性だった。アイメイクの濃さから、水商売の人ではないかと佐藤さんは思った。年齢は三十代半ばくらいで見事なプロポーションを際だたせるタイトなミニワンピースを着ていた。

やっと来たお客への嬉しさに、佐藤さんは普段以上に心を込めて彼女に施術した。

その彼女、〈今《こん》さん〉が会計の際に出してきた健康保険証を見て、佐藤さんは驚いた。

「三十代としか見えなかったのに……彼女、保険証の年齢が六十歳だったんです」

彼女の若々しい顔に皺はなく、肌は艶《つや》めいて張りがあった。施術の際に衣服越しに触れた筋肉のしなやかさも、還暦のそれではなかった。

帰りしなに今さんは佐藤さんの施術を褒め、〈忙しいのでいつ予定が空くかわからないから予約はしないが、必ずまた来院する〉と宣言していった。

そこからが、佐藤さんにとっては大変だった。マッサージは体力を要するものだが、予想を越えた疲労感に襲われ、翌日は一日じゅう起き上がれずに寝込んでしまったのだ。

リストをぎっしり埋めている予約客一人一人に、店側都合でのキャンセルと予約の取り直しの電話をかけるのが申し訳ないやら面倒やらで、彼はすっかり参ってしまった。

「今さんが来る日はいつも、その日の予約客全員にドタキャンされてしまって、飛び込み客も来ないし、彼女の貸し切り状態でした」

さらに、そういう日は彼女一人しか施術していないにもかかわらず、佐藤さんは直後に全身筋肉痛で動けなくなり、翌日を棒に振ってしまう。

今さんの来院により繰り返されるその状況は、明らかに異常といえた。

週に一度の割合で、不定期に来院する今さん。もはや彼女の存在は、佐藤さんにとって恐るべき重荷になっていた。

疲れ切って自炊をする気力もなかった佐藤さんが、珍しく牛丼店で外食したことが事態を動かす契機となった。

「●●の佐藤さんだよね?」と、隣席に座った中年の男性客に話しかけられたのだ。

その男は「私も同業者だから、●●の評判は知っている」と言った。

そして、男はおもむろに〈今さん〉のことに触れた。

「あの、異様に若い女。今は佐藤さんとこに、熱心に来てるんだって?」

どうして知っているのかと佐藤さんが尋ねると、男は「この界隈で彼女は有名だから」

という言葉の後に、恐ろしいことを口にした。

「このままだとねえ、半年くらいでたぶんあんた、死ぬよ」

死ぬと言われて目をひん剥《む》いた佐藤さんに、男は続けた。

「あの女はね、マッサージ師喰いなの。目をつけた店に通い詰めて施術のとき、お気に入りの男の精気を吸い取って、しまいにゃ殺してしまうんだよ」

数年前、男の経営する店でも、若い男性のマッサージ師が今さんに気に入られた。彼女から指名され続けるうちに、そのマッサージ師は疲労を訴えて欠勤が多くなった。

無断欠勤が続いたある日、男がそのマッサージ師の家を訪問したところ、彼は自宅で枯れ木のように痩せこけてこと切れていた。死因は栄養失調による衰弱死。事件性はないとされ、マッサージ師と今さんの関係が追及されることは、ついぞなかった。

河岸を変えながら今さんはふらりと現れ、お気に入りのマッサージ師の精気を吸い尽くしては姿を消す。その繰り返しなのだという。

「それを聞いて、もうびっくりして守秘義務とか吹っ飛んでしまって。彼女を施術した後、異様に疲れることとか、全部その人に打ち明けてしまいました」

佐藤さんがワンオペ営業している●●とは違い、その男の店にはマッサージ師が複数在籍している。そのためか店の客が絶えるということはなかったが、今さんが来るようになるとお目当てのマッサージ師の指名客がゼロになる現象はやはり、起きたそうだ。

「話を聞いてしっくりきました。施術後の全身の痛みや倦怠感は、今さんに精気を吸われていたからだと」

しかし、〈マッサージ師の精気を吸うから〉といって、客を出禁にするのは無理がある。

今さんは若作りなこと以外、言動は至極まともであり、会計も現金払いである。化け物のように思えたとしても、彼女は健康保険証を所有する人間なのだ。出禁にする正当な理由が見つからない。

どうすればいいんでしょう、と途方に暮れる佐藤さんに、男は「もしよければ、こういうところがあるけれど」と、拝み屋を紹介してくれた。

聞けば、かつて被害に遭った店のほとんどが、二度と今さんに所属マッサージ師を狙われないよう、その拝み屋に〈今さん除《よ》け〉のお札を作ってもらっているのだという。

「効果は抜群で、そのお札を貼っておけば、彼女は来なくなるというんです」


翌日、店を臨時休業にして佐藤さんは拝み屋の家へ向かった。

「拝み屋の家というので立派なお屋敷を想像してたら、ごく普通の洋風建売住宅でした」

住宅街の一角に住まう拝み屋は三十代の明朗快活な男性で、根暗で気難しそうな老人ではないかと予想していた佐藤さんは面食らったという。

紹介者の男からあらかじめ事情を伝えてもらっていたので、話は早かった。

「そうですか、今度はあなたのところに。あの人には困ったものです」

頷く拝み屋に、佐藤さんは「お金なら払うので、今さん除けの札を作ってほしい」と依頼した。

拝み屋は快く了承し、まるでスポーツ選手がサインでもするかのように、さらさらと流麗な筆致でお札を作製してくれた。

「あの人のやり口はわかっています。あなたとの縁が確実に切れるよう、重ねて祈祷《きとう》もしておきますね」

「是非、よろしくお願いします」と、拝み屋から告げられた金額よりも上乗せした現金を支払うと、佐藤さんは店に帰った。

帰宅するなり、〈今さん除け〉のお札を自宅兼店舗の要所要所に貼り巡らせたのは、言うまでもない。

「僕にとっては、まさに救いのお札でした。その日の夜は久しぶりに安眠できたんです」

ところが、お札と祈祷は効きすぎてしまった。

「うちに来なくなったので安心していたら、意外なところで彼女の名前が聞こえてきて」

拝み屋の家を訪ねてから十日後、佐藤さんは有線の地域情報で今さんの訃報を聞いた。

「彼女、同じ町内に住んでいたんです。道理でうちの店によく来てたわけですよ」

マッサージがてら、佐藤さんは客として訪れた近隣住人から今さんの噂を集めた。

噂によると、一人暮らししていた今さんは出かけようとして玄関で倒れ、そのままそこで孤独死していた。何日も玄関に放置された遺体は腐敗が酷く、隣人が死臭に気付いたことで、彼女の死が判明したのだそうだ。

マッサージ業界ではない人には、今さんは〈職業不詳、年齢不詳のきれいなお姉さん〉と思われていたようだ。

「死亡推定の日にちを聞いて、青ざめました。だってその日は、僕が拝み屋に行った日だったんですから」

不安になった佐藤さんは、拝み屋に再度連絡を取った。

自分の行動が彼女を死に追いやったのでは？　と心配する彼を拝み屋は諭《さと》してくれた。

「あれは彼女の天命でした。人と人との縁を絶つとき、それが分かちがたい縁であれば、死によって分かたれるのも珍しくはありません」

そして、拝み屋は彼女の異様な若さは狐憑きによるものだと解説してくれた。

狐憑きの人は、年齢不詳な若い外見を保つことがあるという（＊）のだ。むろん、彼女が若さを保つ燃料は、若い男性マッサージ師の生命エネルギーだったのだろう。

今さんの突然死により全てが終わったと考えた佐藤さんは、自宅兼店舗に貼っていたお札を剥《は》がして捨てた。

それまで、常連客から〈このお札は何?〉と問われることが多く、〈商売繁盛〉やら〈家内安全〉だと嘘でごまかすのも辛かったし、何枚ものお札を貼ることで、店内の印象が何やら物々しくなるのも好ましくなかったのだという。

「彼女が亡くなったのだから、〈今さん除け〉のお札なんか、もう要らないって思ったんです。普通、そう思うでしょう?」

お札を剥がしたことで、佐藤さんの平穏な日常は即日終了した。

一階店舗で終業した佐藤さんが、寝るために帰った二階部分の住宅のドアを開けると、上がり框《かまち》にうっそりと人が立っていた。

電気も点いていない闇の中、女のつま先がぼんやり白く光っている。

カーヴィな美脚、グラマラスな腰つきと順に視線を上げていくと、顔を見る前にそれが誰だか佐藤さんにはわかってしまった。

「何度も施術してきた体ですから、見間違えようもありません」

パーマをかけた長い茶髪を垂らし、派手なアイメイクを施した今さんが、嫣然《えんぜん》とした笑みを浮かべて立っていた。彼女は暗闇の中、じっと佐藤さんの帰りを待っていたのだ。

佐藤さんは悲鳴を上げて自宅から逃げ出し、ファミレスで夜明けを待った。

「そりゃあ、すぐにでも拝み屋さんに相談したかったですけど、深夜早朝に押し掛けるほど僕は常識知らずじゃありません」

朝、常識的な時間になると、佐藤さんは急いで拝み屋の住居を目指した。

「うちにあいつが出たわけですから、臨時休業の札を出すとか、そんな悠長なことしてる余裕なかったんです。なんなら、自宅のドアを施錠したかも覚えがなかった」

拝み屋に相談すると、〈死によって縁を切ったつもりが、今さんの佐藤さんへの執着が予想よりも強く、霊として想い人の元に顕現したのでしょう〉と告げられた。

「そんな、生きていて体があれば実力行使で追い出せもしたでしょうが、霊だなんて。どうしたら、あいつの侵入を防げるんですか!」

慌てふためく佐藤さんをなだめつつ、拝み屋は新しい〈今さん除け・死霊版〉のお札をその場で書いてくれた。

アフターケアなのでお金は要らないと言われたが、佐藤さんは拝み屋にそれなりの金額の紙幣を押し付けて札を持ち帰った。

店内や自宅のあちこちに、改めて〈今さん除け・死霊版〉のお札を貼付《ちょうふ》してゆくと、ねっとりと皮膚に纏《まと》いつくようだった室内の空気がすっきりしたように感じられた。

「これでもう今さんに煩《わずら》わされることはないぞ、と喜んでいたんですがね」

佐藤さんの安寧は、長くは続かなかった。

〈今さん除け・死霊版〉のお札を貼って三ヵ月ほど経つと、またもや彼女が現れたのだ。

今度は二階の自宅ではなく、終業間もない一階店舗の待合室に彼女は出た。

壁から剥がれ落ちて丸まったお札を、今さんの死霊は喜色満面でぴょんぴょんと踏みしだいていた。

それを目撃した佐藤さんは、すぐさま勝手口から店外へ飛び出し、拝み屋に電話をかけた。

「ちょっと、あの、またうちにあいつが出たんですけど？　お札だってちゃんと貼ってたのに、全部剥がれて丸まっていて！　もう、どうしたらいいんですか？」

狼狽する佐藤さんに、拝み屋はまた新しい〈今さん除け・死霊版〉のお札を作製すると請け負ってくれた。


実は、この話は終わっていない。

「あいつが出てお札を踏みまくるのを目安にまたお札を作ってもらい、お札の効き目がなくなるとあいつがまた嬉しそうに出てくるから、新しいお札を買って貼る。この繰り返しです。今も、です」

佐藤さんは、今さんの霊が現れてお札を踏みしだき始めると、「お札の替え時だ！」と拝み屋の元を訪ねる目安にしている。

屋内に霊の侵入を許すまでに効力の薄まったお札であっても、〈今さんの霊に佐藤さんの存在を気づかせない〉効能はあるようで、佐藤さんは霊を見てぞっとする以外に実害を被ってはいない。少なくとも、今のところは。

「拝み屋とは、長い付き合いになりそうです」と佐藤さんは長い話を結んだ。


（＊）人が年齢よりも異様に若く見える理由として、医学的にはホルモン産生性の卵巣腫瘍もあり得ることを付記しておく。

冨士玉目

お辞儀男

個人タクシーの運転手をしている四十代のサダさんが、数年前に体験した話である。

ある夜、国道を流していると下腹がしくしくと疼《うず》き始めた。しばらくは我慢していたが痛みはひどくなるばかりで、ついにはハンドルも握れないほどの激痛になってしまった。

やむなく彼は目についた救急外来へ強引に乗り入れ、真っ青な顔で受付に駆け込んだ。

診察した医師の答えは急性虫垂炎。即入院で、翌日の手術が決まった。

手術当日。サダさんは手術着に着替え、ストレッチャーに横たわっていた。

「すでに痛みは点滴で治まっていましたから、気持ちに余裕があったんですよね。むしろ滅多に見られない光景にテンションが上がっていました」

手術室へ運ばれながら周囲を観察していると、ドアの端に立つ人が目に入った。

薄い頭頂部がちらりと見える。どうやら年輩の男性のようだが、なぜか自分に向かって深々とお辞儀をしている。

変な人だな。どうして僕にお辞儀しているんだろう。そんなことを考えているうちに、ストレッチャーは手術室へ滑り込んでいった。

手早く吸入器をつけられ、横向きで体を丸めるように指示が飛ぶ。

「これから背中に麻酔注射を打ちますからね、少し痛いですよ」

医師が説明をしている。けれどもサダさんはそれより気になることがあった。

手術室の隅に人が立っている。

さっき手術室の前にいた男が、またお辞儀をしている。

「なんで？」と思ったのを最後に、麻酔で意識が飛んだ。

再び覚醒すると、すでに手術は終わっていた。ぼんやりとしているサダさんの視界に、医師が臓器の破片をピンセットでつまみながら何かを話しかけている。

「朦朧《もうろう》としたまま説明を聞いていたら、医者の横にいるんだよ。あの男が」

やはり、男はこちらに向かってお辞儀をしている。さすがに少し頭に来て「なんですかあなた」と言ったつもりになったところで、また眠りに落ちた。

「で、ようやく麻酔がすっかり切れて起きたんだけど、その時には病室のベッドの上でね。窓の外が真っ暗で、夜なんだなとわかった。まあ時間は別にどうでもよかったんだけど、とにかく喉が渇いてね、目を閉じたまま呻《うめ》いていたっけ」

ナースコールを押したかったが、体が鉛のように重くて腕さえも満足に動かせない。

仕方なく「早く巡回が来ますように」と祈っていた。

すると、まもなく誰かが部屋に入ってきた気配がした。

良かった。看護師が様子を見に来てくれたのか。

ほっとして開けた途端、「ほぁえ……」と妙な声が漏れた。

目の前に男が立っている。あの男が、サダさんの枕元で丁寧なお辞儀をしている。

暗い部屋の中で、男の顔だけが白く浮いていた。

仰向けのままでゾッとしながら、サダさんは必死に自分を落ち着かせた。

こいつ、別に何もしてこないじゃないか。だから、きっと悪い人じゃないんだ。いや、人じゃないかもしれないけど、とにかく悪いものではないはずだ。

そうだよな、なにもしないよな。そんな気持ちを込めた視線を男に送る。

瞬間、男が口を大きく開けて舌をずるりと伸ばし、サダさんの鼻の頭を舐めた。

卵白そっくりの、ゆるゆるとした感触だった。

「ふうわあ！」

思いがけず大きな声が出て、全身を覆っていた鈍さが吹き飛ぶ。

すぐに靴音が近づいてきて「どうされました？」と、看護師さんが部屋の電気をつけた。

明るくなったと同時に、男の姿は消えていたという。

「麻酔だとばかり思っていたあの重苦しさ、実はお辞儀男のせいだったんじゃないかな」

いまでも傷跡がわずかに疼くと、あの鼻の感触を思い出してしまうそうだ。

コンニャク男

ソノさんは幼少の頃、不気味な住宅に三か月ほど暮らしていたことがある。

本家を改築するため、不動産屋が紹介してくれた家に仮住まいしていたのだという。

二階建ての木造家屋でそれほど古い家ではなかったのだが、とにかく雰囲気が暗かった。とりわけ玄関から奥へと続く廊下は、昼でも真夜中のように暗かったのを覚えている。

暗いだけではない。

その廊下の途中には、いつも知らない老人がいた。

「痩せたおじいさんが、直立不動で爪先立ちしてるの。ヒョロッとした人でね。おまけにその人、コンニャクを咥《くわ》えているんだよ。スーパーで売ってる、平べったいコンニャク。ビックリするよりも、なんだかその絵面が子供心にもツボに入っちゃって。でも、〝あの人は誰なの〟って両親に聞いたら〝変なことを言うな〟って猛烈に怒るわけ。その態度で初めて〝あの人ってお化けなのかな。俺、見ちゃってるのかな〟と疑問に思ったんだよ」

疑問は解決したほうが良い。そう考えたソノさんは同級生達に男の存在を打ち明ける。

ところが、結果は思わしいものではなかった。多くの生徒は「気味が悪い」と嫌がって二度と話を聞こうとしない。豪胆を気取る何人かは「だったら見せろよ」と、家を訪ねてきたが、どれだけ廊下を見せても「いねえじゃん」と首を傾げるばかりだった。

「いや、ちゃんと僕には見えてるんですよ。コンニャク咥えて立ってるんですよ」

しかし、彼の言葉を信じる者は誰もいない。とうとう皆から嘘つき呼ばわりされるに至ってソノさん、「コンニャク男のことは自分だけの秘密にしておこう」と口を噤《つぐ》んだ。

「まあ、新居に引っ越してからはすっかり忘れていたんですけど」


唐突に思い出したのは、十数年後。

自分の家を建てることになり、なにげなく両親と昔話をしていた時だった。

「そういえば昔、古い家にさ……」

ソノさんがそこまで喋るなり、母が被せるように「あの家、怖かったわよね」と言い、それを受けて今度は父が「あの時は参ったよ」と溜め息をついた。

「三か月だけと我慢したが、爺さんがおっかなくってな。安く借りられるからといって、事故物件なんか借りるもんじゃないな」

嘆く父親に、ソノさんは思わず「え？　見えてたの？」と訊ねた。

「時々な。それにしても首を吊ったまんまの状態で出てくるなんて、自分が死んだことに気づいてなかったんだろうな」

「本当に気持ち悪かったわ。首吊りってああなるのね」

両親の会話を呆然と聞きながら、ソノさんはようやく気がついた。

老人はコンニャクを咥えてなどいなかった。

あれは死んで変色し、べろべろに伸びきった舌だったのだ。

名刀のみならず

サラリーマンのタカさんが、北陸の山沿いにある実家へ帰省した時の話だ。

その夜、彼はひさしぶりに食べる母の手料理に舌鼓を打っていた。傍らに座る父親は、テレビをぼんやりと観ながら地元の日本酒を呷《あお》っている。

自分が家を離れる前と変わらない夕餉の風景。それを眺めながらしみじみしていると、父がおもむろに「へえ、刀でもあるんだなあ」と意味不明なことを言った。

視線を追うと父のまなざしはテレビに注がれている。画面には日本刀が大写しになっており、右上の隅に〈ひとりでに動く名刀の怪奇！〉とテロップが入っていた。番組は世界のミステリーを追うバラエティで、歴史的な名刀が動く謎を解明するという内容だった。

「刀でも……って、どういう意味？」

そう訊ねる息子をじっと見てから、父は「そういや、お前は持ってねえもんなあ」と、またもやワケの分からないセリフを吐いた。

なんだよオヤジ、まさかボケたんじゃねえよな。そんな不安が思わず顔に出てしまったらしく、父はとたんに不機嫌な表情で「お前、俺が耄碌《もうろく》したと思ったろ」と睨んできた。

「いやいや、別にそんなこと考えてないよ」

「うるせえ、だったら見せてやる」

そう言うと父は奥の間へ行って客用の布団を引っ張りだすや、それを茶の間を出た先の廊下にどすんと敷いた。

「お前、ここで寝ろ」

「なんでだよ、寝室を使わせてくれよ」

抗議したものの、父は「いいからここで寝ろ」の一点張りで譲らない。

なにひとつ理解できぬまま、タカさんは生まれて初めて実家の廊下で眠った。

その夜遅く、激しい金属音で彼は跳ね起きた。

ガタガタと何かを揺するような音は、廊下の奥から聞こえている。そこには、人ほどの大きさをした長方形のロッカーが置かれていた。

あれ。あのロッカーは、たしか……。

タカさんが思い出すと同時に、いつのまにか背後に立っていた父が「な、刀ばっかりでねえだろ」と言った。驚いて振りかえり「あそこに入ってるのって……」と訊ねる。

「そうだよ、猟銃だ。ああして厳重に保管しねえといけねえんだ」

「なんで銃が勝手に動くんだよ」

「そりゃ、俺が狩猟免許を取ったときに曾祖父さんがくれた年季物の一梃だからな。十月の狩猟解禁が近づくと、ああして〝早く出せ、早く出せ〟って暴れるんだ」

「そうなんだ……」

呆然としながら、タカさんは揺れ動くロッカーを見つめていたという。

実家を去る日、父から「どうだ、お前も狩猟免許を取ってみねえか」と誘われた。

「ちょっぴり興味はあったんですが……断りました。だって、もし免許を取得したらあの銃を譲渡されるわけでしょ。あんな怖いものを飼い慣らす勇気はないですよ」

でも、一度じっくり眺めてみたい気持ちが日に日に膨らむんですよね。

私、もう銃に魅入られてるんですかね。

まんざらでもないといった表情で、彼はそう言った。

彼らのその後

介護関係の仕事に就いているメイコさんが、十五年ほど前に体験した話である。

その頃、彼女はバイトをひとり雇ってパブスナックを経営していた。地方都市の立地が良い場所で常連が多く、おかげで店はいつも盛況だったという。

ある夜、ヨシムラさんという男性が、遠方から来た友人と一緒に飲んでいた。

「ママ、いつものアレ、写すんじゃないの?」

ヨシムラさんにそう言われ、メイコさんはカウンターの戸棚から小型のインスタントカメラを取り出した。当時、女子高生のあいだで人気だったカメラである。

「初めてのお客さんは、次いらした時にすぐ思い出せるよう撮らせてもらってたのよ」

ほろ酔いでピースサインをする二人に向かってシャッターを切ると、まもなくカードサイズの印画紙が排出されてきた。

ところが、浮かびあがってきた二人の姿を見て彼女は首を傾げた。

新規のお客さんの首から下が真っ黒にぼやけている。隣のヨシムラさんはなんともない。

それでもその時はあまり気にせず、余白に二人の名前と日付を書き入れた。

するると半月後、ヨシムラさんが店に飲みに来て言った。

「一緒に来ていたあいつ、ここへ来た翌日に死んじゃったんだよ」

衝撃の告白にもメイコさんはあまり驚かなかった。実はあの後、別な常連客と夜中まで盛り上がった際、バイトの女の子が店の様子を何枚も撮ったのだ。その時も常連客の体が黒く写り、その二日後に「自宅で急死したんだって」と知らせが届いたのである。

「他にも何人かあのカメラで撮ったら黒く写っちゃった人がいて、その直後に死んでるの。そんな不思議なことが起こるのは、店内で撮った時だけみたいなんだけどね——」

死期の近い人がわかってしまうってことね、とメイコさんはうなずいた。

件のインスタントカメラは、店を閉めるとなったあたりのバタバタで、気づけば紛失してしまったという。

「そういえば、出張で来たっていう五人の新規さんがいたんだけど」

インスタントカメラでいつものように撮ったところ、五人とも真っ黒になった。

さすがに写した全員がそんな風になるのは初めてでゾクリとしたが、もちろん口には出さなかった。

彼らはボトルを二本入れ、日付が変わるあたり前に「明日には帰るけど、来月も出張があるから、かならずまた来るよ」と上機嫌で去っていき、二度と姿を見せなかった。

彼らの会社がある県で未曾有《みぞう》の大地震が起こったのは、その二日後だったという。

女神の絵

スタイリストのユリさんが、二十代にこんな体験をしている。

ある時、彼女は叔父の四十九日法要に参加した。亡くなった叔父は独り者で実家のすぐ近くに住んでおり、ユリさんも中学生の頃はお使いで叔父の家をたびたび訪ねていた。そんな叔父なので葬式にはぜひ参列したかったのだが、あいにくと大きな仕事が佳境に入っており、どうしてもお別れに駆けつけることができなかった。そこで、四十九日法要だけはなんとか都合をつけて実家まで戻ってきたのである。

法要が終わってまもなく、父が風呂敷包みをどこからか持ってきた。

「これ、叔父さんの形見分け。持って帰っていいよ。お前、こういうの好きだったろ」

そう言いながら父は風呂敷を解いて、一枚の絵画を食卓の上に置いた。

A四サイズほどの縦長のカンバスに、素朴な筆致で女性の上半身が描かれている。すこしプリミティブな印象の、不思議な絵だった。そういえば叔父さんは、若い頃に絵描きを目指していたと聞いている。だとすれば、これは彼が描いたものなのだろう。

「自分の死を予感していたのか、家にはなにも残されてなかった。けど、これだけが壁にかけてあってね。処分するのも忍びなくて、お前なら気に入るだろうと持ち帰ったんだ」

父の言葉を聞きながら、ユリさんは過去の記憶を思い出していた。

この絵に見覚えがある。叔父の家を訪ねた時、廊下の突き当たりに飾られていたのだ。

「これはね、女神を描いたものなんだよ」

絵を眺める中学生のユリさんに、叔父はそう言った。

よく分からず頷いていると、叔父は続けて、

「僕の死んだ恋人も、この絵のすぐ下に座っているんだ」

そのように教えてくれた。

人間嫌いで独り身なのだとばかり思っていた叔父さんに、恋人がいたとは。おまけに、その女性はすでに死んでいるだなんて。思春期のユリさんにとっては刺激の強い話だった。秘密を無理やり共有させられたようで、なんだか落ち着かない気分になった。

それにしても「死んだ恋人が絵の真下に座っている」とは、どういう意味なのだろう。詩的な表現なのか、それとも叔父は本当に恋人が見えているのか。そんなことを考えながら廊下を見ていると、絵の周辺にわけのわからないものがたくさんいるような気がした。

叔父の家に行かなくなったのは、ちょうどその頃だった。

当時は高校受験も近かったし、友人と遊ぶほうが楽しくて足が遠のいたのだ、と自分は

記憶していたのだが、いま振り返れば、あの絵が怖くなったのだと思う。両親も何かしら感じるところがあったのか、お使いを断っても文句は言われなかった。

そんな、あまり愉快ではない思い出がするすると出てきたが、なにせ子供の頃の話だ。大人になった今なら印象も違うだろうと気を取り直し、ユリさんは絵を改めて観察した。じっくり見ると、あの頃は怖さしか感じなかった画風にも素朴な趣きがある。あんがい細工も凝っているから、もしかすると撮影の小道具に使えるかもしれない。

彼女は絵を風呂敷に包み直し「大事にするわ」とキャリーバッグにしまい込んだ。

自宅へ戻ると、さっそくユリさんは叔父の絵を壁に掛けた。

実家ではそれなりに良く見えたはずなのに、改めて見ると絵はやっぱり気味悪かった。絵画自体も不気味なのだが、絵の下に何かが密集しているような雰囲気がある。その密集したものが部屋の空気を澱ませている気がして、自分の部屋だというのに居心地が悪い。

ユリさんはすぐに絵を外すと、乱暴に風呂敷でくるんでクローゼットに押し込めた。

すると、今度はクローゼットの中から気配がするようになった。

なんだか小動物が潜んでいるようで、やけに落ち着かない。おまけに絵の存在を忘れかけると、決まって何かを擦るような音がクローゼットから聞こえてくる。

気になったものの、仕事がまた忙しくなってきたこともあって深く考えないようにした。寝るために帰る生活のなかで、いつしか彼女は絵の存在を忘れていった。

それからしばらく過ぎた頃、ユリさんは友達ふたりと食事することになった。同い年で同業種の女性と整体院を営むすこし歳上の男性で、どちらも気の置けない友人、ユリさんも久々の再会を楽しみにしていた。

ところが、待ち合わせ場所で顔を合わせた途端、

「おまえ、家になんか置いてる?」

男性がそう言って「すごい数の何かがおるで。溢れてきてるで」と顔をゆがめた。整体師の彼は霊感持ちを自称する人物で、かねてから「ちょっとしたコツは要るけど、人ならぬものが視えるんや」と公言していた。

「ちょっと、せっかく美味しいものを食べるのに変なこと言わないでよ!」と、女友達が声を上げる脇で、ユリさんは絵のことを思い出した。

彼女が恐る恐る説明すると、男友達はあっさり「あ、それや」と言った。

「その絵に惹かれて、いろんなモノが付いてきてる。それにしても多すぎるけどな」

「でも、最近は前ほど嫌な感じがしないよ」

「おまえ、慣れてきたんや。却ってヤバいぞ。なんなら俺の知り合いに見てもらおか」

男友達によると、彼の知人にOさんという霊能関係の男性がおり、そういったモノの対処ができるのだという。

予想もしない展開だったが、あの絵を壁に掛けることは二度とないだろう。だとしたら早めに処分してもらったほうが助かる。ユリさんは男友達に頼んでOさんへ絵を渡すことにした。男友達も「そのほうがええ」と、ユリさんにOさんの連絡先を教えてくれた。

それでこの件はおしまいになるはずだったのだが、食事を終えようとした頃、いきなり彼が「そうや」と手を叩いた。

「どうせやから、処分される前にその絵を見てみたいな」

主張に押し切られる形で、二次会はユリさん宅で飲み直そうという話になった。

すると、ユリさんの家について絵を見るなり男友達が「やっぱり、俺がこの絵を持っていくわ」と言い出した。

どうしてと聞いても彼は答えない。絵と睨めっこをしたまま黙っている。なんだか妙な雰囲気のまま二次会は早々とお開きになり、彼は絵を手に帰っていった。

そして、それきり男友達とは連絡が取れなくなったのである。

彼の様子と絵の所在が気になったユリさんは、Oさんへ連絡を取ることにした。

「たしかに彼は絵を持ってきました。ただ、ここにはもうありませんが」

初めて会ったOさんは中年の女性で、まるでこちらの意図をすべて知っているように、質問をする前から絵のことを語り始めた。

「私の知っている寺へ納めるように助言したのですが、彼は上の空で……そのまま持って帰ってしまったのです」

「あの絵は、いったいなんなんですか」

「表向きはマリア像のイコンを象《かたど》ったものですが、描いた人間はまるで別な呪詛《じゅそ》、歪んだ目的を裏に込めています。その歪んだ目的は叶ったいっぽう、あまりの禍々《まがまが》しさに低級なモノが寄ってきて、非常に良くない絵になってしまったようですね」

「歪んだ目的って、どんな目的ですか」

「わかりません。それを確認する間もなく彼が持ち帰ったので。ただ、目的が果たされた以上、あの絵は作者が荼毘《だび》に付される時、一緒に棺桶に入れるべきでした。あの絵自身もそれを望んでいたはずです。あれは、誰かと一緒でなければ〝向こう〟に行けないのです。道連れが必要なのです」

Oさんもそれ以上は答えられず、そこで絵の所在はわからなくなってしまった。

判明したのは、それから数ヶ月後のこと。

教えてくれたのは、あのとき一緒にいた女友達だった。

「みんなで食事をした翌週、スクーターに乗っていて追突事故に遭ったの。いまも病院で脊椎損傷の治療を受けているけど、もう首から下は動かないんだって。内臓の損傷とかも結構ひどかったらしくて——お見舞いに行ったけど、掛ける言葉も見つからなくて帰ってきちゃったよ」

「……そんな大事な話、どうして教えてくれなかったの。一緒にお見舞いに行ったのに」

ユリさんがそう言うと、女友達が涙を拭いて「だって、怖くて」と答えた。

「ベッドの枕元に、あの絵が置かれてたんだもの」


叔父がどんな呪詛を何のために、誰のために込めたのかは、もはや知りようもないが、たぶんその呪いは成就したのだろう。死んだ恋人はその犠牲者なのだろう。

そして願いが叶ったからには、Oさんの言うとおり、道連れを求めていたのだろう。

ユリさんはそんなふうに考えている。

五年後、長い闘病のすえ死んだ男友達の棺桶に、あの絵が入れられていたからである。

岩井志麻子

【1】

夏子《なつこ》は、あるスポーツのサークルに所属している。

普段は各自で都合のいいとき練習場に行くが、月に一度は親睦会を兼ねた仲間内の大会があり、そのときだけはまず主催者の経営する運動用具店に、全員が集合する。そこで何台かの車に分乗し、一斉に会場に向かうのだ。

ある大会の日、夏子が店に行くと、もう多くの仲間が来ていた。真っ先に、信夫《のぶお》に声をかけられた。信夫とはそのサークルだけの付き合いで、練習場と大会の会場でしか会わないが、スポーツの成績も優れた温和な人として好感は持っていた。

その好感は、好意にまでは発展しない。それは向こうも同じだろうと感じていた。連絡先を交換しよう、となったこともないし、互いの勤め先も知らない。

調子はどうよ、がんばろうね、みたいな適当な会話を交わした後、分かれた。夏子が乗せてもらった車に、信夫は乗ってこなかった。

会場に着いて、夏子は信夫がいないのに気づいた。信夫さんは、と仲間達に聞けば、今日は来てないよ、とみんなに答えられた。

えっ、私さっきお店で会いましたけど。といえば、誰かと間違えたんだといわれた。サークルだけの仲間とはいえ、そこそこ長い付き合いだ。誰かと間違えるなんて、ありえない。だが夏子以外、信夫に会った人がいない。

みんな揃って、しばらく信夫は練習にも来てないみたい、などという。

だがきちんとした信夫が、大会を無断欠席するのは初めてなので、主催者が電話してみた。全然、つながらない。信夫は身寄りがないので心配になり、主催者は警察に相談した。

すぐに警官が自宅を訪ねると、信夫は腐乱死体になっていた。

しかも死後、一カ月は経過していたそうだ。となると夏子が生きた信夫と最後に会ったのは、一カ月前の大会でとなる。

先日の大会で夏子が会ったのは、信夫の幽霊だったというしかない。

ここまでなら、こういっては何だが定番の怪談、ありふれた幽霊談だ。

この話は、後日談が少し変わっている。後から大会に参加していた全員が真顔で、自分も出発前に集合場所で信夫と会った、と口々にいい出したのだ。

いつもの信夫だったよね。にこにこしてたよね。あんなはっきりした幽霊なんているのか。あいつ死んだ後も律儀に、全員に挨拶をしに来たんだね……。

信夫の死を知るまでは、誰も集合場所で信夫に会ったという人はおらず、夏子しか会ったという人はいなかったのに。

夏子がそれをいうと主催者までが、あの日は信夫をぼくの車に乗せてった、こんな話をした、と悲しそうにため息をついた。

主催者の車には夏子も乗っていたが、絶対そこに信夫はいなかった。

――さて、夏子からこの一連の話を聞いた私は、いわゆる事故物件について詳しい人物にも、この話をしてみた。

一週間も経てば、夏場なら蠅《はえ》もすごいし、マンションやアパートといった集合住宅なら、向こう三軒両隣には臭ってきますよ。

ましてや一カ月なんて、その階全体、フロア中に臭いが漂うはずなんですが、警察が来るまで誰も気づかなかったのも不思議ですね。

でも、たまにあるんですよ。臭いがあまり出ない遺体。いろんな理由があるんでしょうけど、決定的なこれ、ってのはない。

自分が知っているのは、やっぱり一カ月近く放置されていた遺体に、隣の人も気づかなかった事件です。換気扇を一カ月間も回しっぱなしで、臭いが室内にこもらなかった、という理由でした。遺体と換気扇の距離も、絶妙だったようです。

換気扇の近くにいたら、もろに腐臭が流れ出して、共用の廊下に漂ったでしょう。換気扇から遠ければ、臭いは室内に充満する。こうすれば臭わない、というきちんとした手立てもあるんでしょうが、いろんな予期せぬ偶然の重なり、という結果もあるんです。

……信夫の話、事故物件に詳しい人物の話ともちょっと違うが、私は韓国の有名な連続殺人事件を取材したことがある。

その際あちらの刑事さんに、掘り起こした遺体の写真を見せてもらった。

バラバラに切断され埋められていた遺体は、どんなに腐っていても生前の顔写真と比べてみれば、ちゃんとこの人だとわかる、面影がある、というのもしみじみした。

そして遺体がかなり整形していても、整形前の写真と突き合わせてみれば、あ、この人だとわかる。というか、どれほど整形しても腐乱した遺体になれば、整形前の顔に近づくのだ。これも、しみじみと心打たれた。

そして、顔や胴体は腐り果てているのに、女の遺体のいくつかは妙に手だけがきれいだった。その他の部位は死後一カ月以上とわかるのに、切り取られた手だけが、まるで数日前に亡くなった人のそれのようだった。

犯人を逮捕した刑事さんは、それはマニキュアの防腐剤のせいです、といった。これが事実かどうか、私にはわからない。

【2】

彩《あや》が地方の高校生だった頃、貴彦《たかひこ》という何もかもが特に目立たない同級生がいた。ただ同級生というだけの貴彦を、彩は良くも悪くも気にしたことなどなかったのに、なぜか時おり彼の夢を見た。たとえば、こんな感じだ。

極彩色の赤と金の祭壇に、貴彦が鎮座している。周りを裸の大勢の女達が取り囲み、線香をあげ酒を捧げ、拝んでいる。

小さなプールに澱《よど》んだ水が湛《たた》えられ、たくさんの女達が浮いたり沈んだり泳いだりしている。貴彦は高い飛び込み台から、そんな女達を見下ろしている。

巨大なテーブルに大きな皿が乗せられ、そこに貴彦が仰向けになっている。何十人もの女達が、貴彦に箸を向けている。

いつも同じ内容ではないが、それらの夢の共通点は大勢の女達が出てきて、貴彦を取り囲んでいることだ。女達は、うれしそうにも悲しそうにも見える。ひどく狂騒しているときもあれば、人形のように無表情で静かなときもある。

夢の中の貴彦はいつも、平然、冷然、としている。女達を女達としか見ておらず、特定の何人かを選ぶことも、一人だけを贔屓《ひいき》することもない。

しかし現実の貴彦は、女子に嫌われもしないがモテもせず、交際相手もいないようだった。貴彦を好きだという女子にも、会った覚えがない。

何より彩が何度夢に見ても、彼に恋することはなかった。なぜ彼の夢を見るのかわからないし、別にわからなくてもよかった。

卒業後は別々の大学に進み、まったく会わなくなると忘れていき、夢も見なくなった。

ただお互いに家族で海水浴場に行ったとき、偶然に会ったことがある。

貴彦の胸にミミズ腫れがあり、それどうしたのと軽く聞けば、虫刺されを掻いたらこうなった、と照れ笑いした。そのときは少しだけ、笑顔がいいなと感じた。少しだけだ。

彼との会話らしい会話は、高校の三年間を通してそれだけだった。

十年後、帰省したとき地元の友達に、思いがけない貴彦の噂を聞いた。大学を中退して都会に出た貴彦は、有名繁華街でかなり売れっ子のホストになっていたのだ。

あの地味な同級生が、十年の間にどんな変貌を遂げたのか。さすがにちょっと興味を引かれてSNSを探したら、整形と加工でアイドルみたいになっていたが、貴彦の面影は残っていた。有名人の指名客も、多いらしい。

客とのトラブルも多いようで、検索したら悪口も怨嗟《えんさ》もすごかった。殺したい。死にたい。あいつのせいで人生めちゃくちゃ。でも好きで好きでアタマ変になりそう。

夢に出てきた女達は、いずれ貴彦に翻弄される客達だったのか。

そう思ったとき、ホストが客の女に殺されたというニュースが流れた。きらびやかな源氏名ではなく、よく知った貴彦の名前がテロップで流れた。

客の女と繁華街のホテルに行き、最初から貴彦を殺す気だった女は用意していた包丁で貴彦の胸を刺した後、自分も室内で首を吊っていた。

ふと、いつか海水浴場で見た貴彦の胸の、生々しい傷跡のようなミミズ腫れを思い出した。あれも、この日のことを暗示、予見していたのか。

とはいえ今も昔も、やっぱり彩は貴彦に特に強い想いは持てないのだった。その夜、貴彦の夢を見るかと恐れもしたが、浴室の鏡にちらっと、貴彦の笑顔が映っただけだった。

そのときは少しだけ、笑顔がいいなと感じた。少しだけだ。

【3】

詩織《しおり》は祖父母と両親と兄、さらに父の妹である叔母との七人家族に育った。祖父母が相次いで亡くなり、兄も詩織も進学や就職で家を出ていくと、実家には父母と独身のままの叔母が残った。

なのに新たに出会った人達に家族の話をするとき、なぜかいつも私は八人家族で育ちました、といってしまう。

祖父母と両親と兄と叔母と私、と指折り数え、あれっ、七人だとなる。いつもだ。

思えばずっと実家にいる叔母は、地方の保守的な考えの人達だった祖父母や父母からも、結婚について何かいわれるのを見たことがない。

真面目で優しい叔母は、見た目も雰囲気も嫋《たお》やかだ。詩織は妹のように可愛がってもらい、娘のように世話をしてもらった。叔母に怒られた、乱暴に扱われた、そんな記憶はまったくといっていいほどなかった。

何度か転職したが仕事もきちんとし、ちゃんと家事もやり、友達とも楽しく付き合っていた。恋人はいなかったが、気楽な男友達はいたようだ。

結婚が困難と思われる理由など見当たらず、ただなんとなく気ままな独身でいるだけだと、詩織は感じていたが。

ふと、一人暮らしになってからの奇妙な「本当は八人家族だった」という感覚は、叔母に由来がありそうな気がしてきた。何をもってそう思うに至ったか、わからない。ただなんとなく、ふわっと感じるだけだ。

久しぶりに帰省したとき、叔母は何ら変わりなかったが、同じく久しぶりに会った親にさりげなく、叔母はなぜずっと独身かといってみた。

意外なことを、さらりといわれた。詩織も、もういい大人だから話すよ、と。

叔母は十代の頃、独身と偽った既婚者の男にもてあそばれ、子を産んでいた。

結局その男は妻とは離婚せず、叔母に産ませた子の認知すらしてくれなかった。

一方的に叔母が可哀想な被害者みたいだが、どうも親はここは伏せておきたいこともあるようで、要は叔母にも負い目と問題はあったのだ。

ともあれ、その子は施設に預けることとなった。それっきり、叔母は子どもには会っていない。その子も今じゃ、どこかで立派に家庭を築いているだろう、と親はいった。

でも叔母は男性不信になり、結婚に夢を持てなくなったんだ、ともいった。手放した子への後悔、罪悪感もあり、もう子どもを産むのも怖くなったんだろう、と。

ともあれそのことは、詩織の実家では禁忌《きんき》となった。その子の存在も含め、すべて「なかったこと」にされたのだった。

その子はずっと叔母のそばにいて、自分もそれを感じていたのか。もしかしたら施設に預けたというのも、嘘かもしれない。なぜか詩織は、確信した。

今さら追及はしないが、その子はすぐにこの世を去ったのだ。それが叔母の手によるものかは、親にも聞けない。それでも叔母の子は、あの家の一員として居続けた。

もしかしたら実家の縁の下や庭、押し入れか屋根裏にいるのかもしれない。

やがて詩織も結婚して息子ができたが、なぜか三人家族なのに、いつもうちは四人家族ですといってしまう。

叔母の子は、もしかしたら今はうちに来ているのかもしれない、と思えば、優しかった叔母を、うちの実家にいた叔母はとても怖い人でした、といってしまいそうになる。

【4】

陶子《とうこ》の父方の祖母は、霊感が強いというほどではなくても、霊感があった、くらいはいってもいいかもしれない。

祖母がまだ結婚前の娘さんの頃、家の近くの川で事件か事故か不明だが、溺死体があがった。つい好奇心に負け、見に行ってしまった。

巨人のように膨らみ切って、なんともいえない鈍色《にびいろ》に変色し、毛が抜け落ちて眼球も溶けた遺体は、男性ということだけはわかった。

そして誰かが引き上げた遺体を、座らせるように上体を起こしたとき、驚くほど大量の水がどっと口からあふれ出るのを見てしまった。

そのとき遺体には眼球がないのに、祖母は目が合った気がした。

祖母は食欲を失ってしまい、何日か食べ物が喉を通らなかった。

やっと食べる気になれたとき、祖母の口から食べたはずのない小魚や貝や藻が、腐った川の水とともに大量にあふれ出た。

そう、あの溺死体が吐いた水、そのものだった。

それから祖母が結婚してしばらくした頃、これは偶然に線路のそばを歩いていたら、列車への飛び込み自殺で亡くなった人を見てしまった。

女の遺体は顔をすっぱりと、丁寧にくり抜いたかのように断ち切られ、まるでお面みたいに顔だけが遺体からかなり離れた地面に落ちていた。

下膨《しもぶく》れの輪郭に細い目、丸い鼻、典型的日本人の顔だった祖母と真逆で、細面に西洋人が混ざったようなくっきりした目鼻立ちで、美人なのにもったいないと思った。そのときやっぱり、死美人と目が合った気がした。

それからしばらくして、祖母は整形などしていないのに、輪郭が細くなって目が大きくなり、鼻が高くなり、あの遺体の顔に似てきてしまった。

喜んでばかりはいられない、これは溺死体の件より怖いと御祓いにいき、元のオカメ顔に戻って安堵したけど少し残念、と笑い話にしたそうだ。

やがて陶子の祖母が、陶子の父に当たる息子を生んでしばらくした頃、その事件は起きた。同じ町内の名家の奥さんが心を病んでいるのは、前々から知られてはいた。

その奥さんも息子を産んだが、生まれつき背中に大きな痣《あざ》があった。悪質な疾病《しっぺい》ではないと医者にも診断され、そんなもの誰の責任でもないことなのに、元から険悪だった姑に、あんたの心がけが悪いからだ、みたいな責められ方もした。

陶子の祖母はわりと奥さんと仲が良く、相談にも乗って愚痴も聞いてあげていた。子どもも同級生になるのだし、助け合って子育てしましょうと励ましていた。

なのに奥さんは、赤ちゃんを抱いて近所の川で入水自殺を図った。奥さんは助かったが、赤ちゃんは亡くなった。実は奥さんが川に行く直前にすれ違い、背負った赤ちゃんと陶子の祖母は目が合っていた。すでに、死を覚悟した目をしていたという。

陶子の祖母は嘆き悲しんだが、我が子の背中にいつの間にか大きな痣があるのに気付いたときは、軽く失神してしまった。奥さんの亡くなった子の痣、そのままだった。

しかし、これには腹を括った。この子が身も心も男前になりゃあ、これはかえって色気のある美点にも変えられる、これに惚れる女もいるさ。ところがそれは次第に薄くなっていき、消えてしまった。今、陶子の父の背中には痣などない。

その奥さんは、息子には自分をお母さんではなくママと呼ばせる、なんていってた、と陶子は祖母に聞かされた。息子を失った奥さんは、里に帰されてしまった。

陶子の祖母は息子にお母さんと呼ばせようとしたのに、なぜかママ、ママという。ずっとそう呼び続けていた。あの奥さんの死んだ子はまだ、陶子の父に入っているのか。

そんな陶子の祖母は、今もって理由は不明だが陶子が大学生の頃、自宅の庭にある物置小屋で首吊り自殺をした。

遺体を発見したのは、陶子だった。遺書もありませんでした。とだけ、陶子はいう。

遺体の状況を陶子は決して語らないが、糞尿を垂れ流しながらぶら下がっていた祖母と目が合ったんだろうな、とは察せられた。

有名企業に勤める、ちゃんとした社会人の陶子が、いつも糞尿の臭いを薄っすら漂わせているのも、いろんな意味であぁ、なるほどと思わされる。

【5】

菜葉《なは》の兄の健治《けんじ》は、高校までは明朗な優等生だった。その頃までは、兄とのいい思い出もたくさんある。

だが思いがけず大学受験で挫折し、一気に引きこもりとなった。

二階の自室に閉じこもり、さらに自分自身の中にも閉じこもり、三度の食事もドアの前まで母に運ばせた。食べ終わると、ドアの外に食器を出しておく。食器を下げに行く母は、とりあえず生きてはいると確認する。

いつ起きて寝ているかよくわからないが、起きているときはずっとパソコンとテレビを観ているようだった。母の料理に文句もいわず、ゲームに高額な課金もせず、勝手にネットで危険物や高価な物を買ったりもしなかった。

もちろん、それだけで問題なしとはいかない。風呂も滅多に入らず、排泄もペットボトルやビニール袋にして、家族が不在のときトイレに捨てているようだった。

引きこもってから一度も理髪店には行ってないはずだが、そのあたりを家族はあまり気にしなかった。自分で切っているのか、くらいに思っていた。

長らく見てないと、その人の容姿は最後に見たそれで固定される。家族の中で健治はずっと、髪型も含めて引きこもる直前の姿のままなのだ。

家族が寝静まった頃、黒い影のような健治はこっそり下りてきて冷蔵庫を漁ったり、洗濯された衣類や、何かで必要になった雑貨を取って、部屋に戻っているようだった。ナイフとハサミが一つずつ、台所とリビングから消えていたが、家族は気づいてないふりをした。とてもじゃないが、健治本人に訊ねたり、部屋まで探しには行けない。それらを振りかざされ、突きつけられたら困る。荒唐無稽《こうとうむけい》な想像ではない。親はかなり前から、健治には腫れ物に触るようになっていた。菜葉も、兄の存在を忘れようと努めた。とりあえず、毎日が無事でありさえすればいい。

進学しないなら働けとか、変な臭いがするから掃除しろとか、そんな説教や文句でなく、体調はどう、といった優しい声かけでも、機嫌を損ねると大変だ。以前は、それで家具を壊され、壁に穴を開けられ、父も母も菜葉も殴られ突き飛ばされた。

天国や地獄に時間というものがあるのかどうか知らないが、現実の時間は淡々と粛々《しゅくしゅく》と流れ、健治はそのまま三十近くになった。家族はもう十年近く、健治を見てなかった。

もはや健治とはそのような存在で、自分達は受け入れながら生きているというのは、日常になってしまった。家族の記憶の中で、健治の容姿も十年前と変わりない。


【5】

とはいえ、他人には知られたくない。親戚や近隣の人達には、健治は遠方に就職したことにしておいた。永遠に隠し通せるものではない、いつか明るみに出るとわかっていても、当面はそうしておくしかなかった。

菜葉は堅実な会社に勤め、そこで交際相手もできた。その彼氏には、結婚の話も出されたので、兄のことを黙り続けるわけにはいかなくなった。

働いてないし外出も滅多にしないけど、まあまあ家族ともうまくやって平穏には暮らしている。などと、かなり割り引いたというよりほぼ虚偽だが、思い切って引きこもりの兄のことを告白した。

すると体育会系で熱血な彼氏は、俺が会ってみるなどといい出した。義兄になる人なんだし、一緒に飲みながらいろいろ今後の話をしましょうと誘ってみる、と。

かなり不安だったが彼氏は体格もよく、腕力も強く、たとえ兄と喧嘩になっても負けないかと期待もした。親も、いろいろ覚悟は決めた。

そして当日、やや緊張しながらも愛想よく現れた彼氏は、挨拶もそこそこにさっそく健治の部屋に入っていき、階下で親と菜葉は固唾《かたず》を呑んで待機していた。

一気に健治が心を入れ替えて立ち直って、妹の結婚のためにと明日にでも就職活動に出かける、といった薔薇《ばら》色すぎる夢までは見なかったが。

【5】


静まり返った部屋から、しばらくして彼氏が出てきた。ひどく、堅い表情だ。おそらく健治の汚れたシーツに、何やら包んだ物を持っていた。

そして彼氏は健治にではなく、父母と菜葉に対して怒りをぶつけた。

あんな状態で放置しておくなんて、あなた達はひどい、それでも家族か、と。

彼氏はテーブルに包みを乗せ、開けた。父は大きく目を見開き、母は悲鳴を上げ、菜葉は固まってしまった。

疾病で壊死《えし》して脱落したのか、自分で切断したのか不明だが、そこには健治の干からびた指が何本もあった。

親も菜葉も、ついに健治の部屋に入った。ひどく湿って荒れた部屋は、家畜小屋のような臭いを放っていた。あるいは、古い共同墓地はこんな臭いではと思わされた。

その真ん中に、老け込んでどす黒い肌になった健治がうずくまり、指だけでなく言葉も失っていた。台所とリビングからなくなっていたナイフとハサミが、健治の指の血をこびり付かせて傍らに転がっていた。生きた人がいる部屋なのに、無人の廃墟のようだった。

尻を超えるまで伸びた髪の抜け毛は、部屋中に生き物みたいにとぐろを巻いていて、それだけが妙に生々しく、生き生きとすらしているのだった。

夜景

先月、Nさんは誕生日に都心の超高層ビルのレストランに恋人に連れていって貰った。

ひとり二万円だと云われているコースを高級ワインで堪能し、とても嬉しかったという。

「で、そこのお店のウリのひとつが展望台への特別招待なんです」

レストランではビルとの契約でコースを予約した客のみが食後、最上階から屋上に出ることができ。そこで東京の夜景を満喫できるというものだった。Nさんたちは案内されるままに屋上へと移動した。ボーイが恭《うやうや》しげに「あれが都庁。あれが……」と簡潔に夜景の説明をすると下がった。そこには望遠鏡が設置されていて覗くことができた。

Nさんは彼に促されるままに望遠鏡を使った。それは遊園地や観光地でよく見るタイプの鉄の足の付いたものだった。覗くと遠くの風景が、一気に触れられそうなほど眼前に迫ってくるのが新鮮な驚きだった。

「すっごく楽しくて。もう夢中になって見てました。彼はなんかあんまり興味がないのか、そばのベンチで煙草を吸ってたんです」

箱庭を走るように見えるタクシー、歩行者、ビル……。眼下のレストランには自分たちと同じようなカップルで食事をしている人の姿もあった。やがて彼女はオフィスビルにレンズを向けた。明かりの点いたそれらには今も机に座って作業をしている人の姿が見え、少し優越感を感じたりもした。

また、都会のビルのなかにも住居がぽつりぽつりと点在する。それらのなかにはカーテンを開けっぱなしにしている部屋も多い。マンションなどでは高層階になるほどカーテンを引かずに開けっぴろげにしてある。人の私生活が丸見えになっていた。

「なんか、あまりに無防備な人の姿にドキッとして……」

彼女は夢中になっていた。

すると少し離れた、あるマンションの一室に目が留まった。それは男がまるでNさんが見ているのに気づいているかのように、部屋のなかでこちらに向かって立っていたからだった。

「そんなはずは絶対にないと思ったんですけれど」

男は気をつけのような恰好で部屋の真ん中辺りだろうか、凝《じ》っとしていて動かない。

レンズの倍率を上げてみると、やはり目はこちらを見ているような気がした。

「部屋のなかは凄く汚くて……服は厚手のトレーナーみたいでした」

他の所を見ようと思ったが妙に気になって戻ってしまう。その横にあるマンションの廊下らしい通路で、人が右往左往していたからだ。

「まるで、開けろって言ってるみたいに。なんか、ドアを叩いているみたいでした」

Nさんはベンチに座っている彼を呼んだ。

「ねえ。ちょっと来て。なんか変だよ」

「俺はいいよ。そろそろ戻ろうよ」

彼はベンチで手を振って笑った。

Nさんが再び、望遠鏡を覗いた。部屋の前に、三、四人の人がいて中のひとりがドアの前で座り込んでいる。

「よしな」

彼が彼女を引き剥がそうとするように背後から抱きついてきた。

しかし、彼女は続きを見なければ我慢できなかった。

「ちょっと待って！　あ！」

ドアが開くと突入した男たちが室内の男を見つけて止まった。そして男の躯を左右から抱えると、ひとりが踏み台に乗って男の躯を下ろした。その時Nさんは、男の首にロープが巻き付かれているのをレンズ越しにはっきりと確認した。

『よせよ！』

怒気を含んだ声がすると胴に回されていた手がギュと絞られ、うなじに激痛が走った。

「なにすんの！」

彼女はその場で倒れ込んでしまった。

振り返ると驚いた彼がベンチから立ち上がるところだった。

――彼女の周りには誰もいなかった。

「彼氏は悪酔いしたみたいで、ベンチから一歩も立ち上がってなかったんです。一歩も」

うなじには明らかに歯形のようなものがうっすらと残っていた。

貸し会議室

都内に一室だけが貸し会議室になっているマンションがある。かつて殺人事件があった場所なのだが住居として貸し出すと告知義務が生じるので『会議室』として貸している。ワンルームなので改装も簡単だったようだ。たまに女の金切り声が壁伝いに伝わるという。

「絶叫がした途端、人が倒れる音がすると介抱しに俺、行くんだ」

隣室に住んでいるSが云った。

ある時、どんなのが出るのかと聞いたことがあった。

失神から目が覚めた女は、変な気配がして電話が鳴る。相手は無言である。気味が悪くなるが、此所《ここ》で待ち合わせなので逃げるわけにはいかない。相手は遅刻している。と、ドアがほんの少しだけ開くと隙間から、髪の毛をぐちゃぐちゃにした妙に頭の歪んだ女が顔を突っ込んでゲタゲタ笑うのだという。

なぜ、逃げずに失神なんかするんだろう……と、問うと。

「ワンルームだから、入口は女が顔を突っ込んでいる所しかないからさ」とSは笑った。

耳鳴り

オナさんは数年前、大学時代の親友とダイビングをしに初めてセブ島に行った。

セブの海は彼女が想像していた以上に素晴らしいものだった。

「本当に澄んでいてキレイなんです。全てが透けていて太陽の陽射しでひらひら輝いて見える。幻想的でもあり、なんだか宇宙的な感じまで勝手にしてましたね」

一本目が終わり、休憩をしている時、友だちが顔をしかめている。見ると少し顔色も悪い。訊くと耳抜きが巧くいかないという。

「耳抜きというのは水圧の関係で鼓膜が潜るほど力がかかるので鼻を摘むような感じにして鼓膜を外側に張るんです。できないと鼓膜が内側に押し込まれて大変なんです」

何度もダイビングしているはずの友だちなので妙なこともあるものだと思っていると午後は潜らないと彼女は云った。

「耳の中でぶうんぶうんって耳鳴りが始まっちゃったからやめるわ」

おかげでオナさんはインストラクターとふたりで潜った。彼に案内されるままに海中を進むと細長い丸太のようなものの近くに案内された。既に貝や海草に覆われていて元は何だったのか想像も付かなかった。中を覗くと椅子のようなものがあった。

インストラクターがなかに入って御覧とジェスチャーする。云われたとおりにすると本当に椅子だったのか替わった車のハンドルも付いていた。

インストラクターが身振り手振りで『ゼロ・ファイター』と教えてくれた。

「ゼロ戦だったんです」

あんな昔に墜落した戦闘機が未だにこんな綺麗な海の底で静かに眠っているんだと思うと彼女は〈本当にこれに乗って人は戦っていたんだ〉と感慨深く思った。

ホテルに戻ると友だちはまだ耳鳴りが続いていると云い、ホテルで食事を済ませるという。オナさんは町に出ると地元の食堂で済ませた。

部屋に戻ると既に友だちは横になっていた。耳鳴りが酷いと訴えた。明日、飛行機に無事に乗れるかなあと不安がった。どんな音なのかと訊くと、ぶうんぶうんと血管が震えるようだという。普通、耳鳴りはキーンなので変な病気でなければ良いとも云う。

結局、その晩はふたりとも早めに寝ることにした。

――深夜、オナさんは物音で目が覚めた。ぶうんぶうんと友だちの耳鳴りに似た音が続いていた。するとツインベッドの片方に寝ている友だちが、うなされているのに気づいた。

彼女は小さな声で〈ごめんなさい〉とくり返していた。

思わず起こそうとしたがオナさんは躯が巧く動かなかった。力を入れているのに動かないのだ。すると友だちの顔の向こうに何かが透けて見えた。人だった。半分透けたような躯の人がずらりと友だちの横に並んで彼女を見ていた。

全員が映画で見た軍人の服装をした日本人だった。彼らは怒るでもなく哀しむでもない表情で友だちを見つめていた。するとオナさんの耳にもぶうんぶうんという音が聞こえてきた。それは戦争中の飛行機のエンジン音だとオナさんは思った。

『ぜろせん』そう口にした途端、半透明の人が一斉に彼女を見た。そして部屋の隅を指差した。そこまでしかオナさんは憶えていない。

翌日、前夜のことを話すと実は、友人はオナさんより先にゼロ戦に座ったのだという。そしてその時に光る珊瑚の欠片があったのでこっそりと持ち帰ったという。それは昨夜、兵隊達が指差した辺りに置かれたバックパックのなかにあった。

珊瑚のような覆いを割ってみるとなかから指輪が入っていた。光っていたのは金属部だった。内側には男の人の名前が彫ってあった。

これは返さないと。

ふたりは昨日のショップへ行くと事情を説明した。すると彼らは『ノー』と拒否した。

それは帰りたがっているんだから、日本に持ち帰って持ち主の縁の人に返した方が良いと云うのだ。そんなことできるはずがないと半ば諦めて帰国したのだが、数日後、友だちが彫った名前を確かめようと持ち込んだ貴金属店の店主が叔父さんの名前だと騒ぎ出した。

指輪は無事に帰国したのである。

フラッグシップモデル

「高級車で、よくハイエンドって云うじゃないですか。簡単に云っちゃうと、アレの上です。メルセデスのSクラスとかBMWの7シリーズとかですよね」

Pは横浜で中古車屋に勤めているのだが、昨今ではボーナスも出ず給料だけでは充分にやっていけないので、仲間と内職を始めた。

「ショクナイつっても中古車なんですけど」

奴が始めたのは所謂【ボッ車】とか【ドボン】と呼ばれる中古車だった。

「ドボンッつーのは、フロアー以上に水が入ってきちゃった車のことッス。半冠水じゃなくて全冠水の水没車ですね」

仲間は地方の廃車工場を回って潰す予定の水没車を屑鉄値段で購入。それを仲間内の整備工場で洗って磨いて、激安値段で手っ取り早く売っぱらうという、相当、乱暴な内職だ。

「口コミがメインですけど、それ以外にもネットに載せたりもしますねぇ。正規のルートには出さないです。お縄になっちゃうんで。あくまでも個人間の私的取引ッつう形で……」

特に外車はハケが良いと云う。

「正面から買えば八百、七百って車が、下手すりゃその十分の一で買えるんですから。みんな買いますよ。一応は動きますしね。今の若い子は頭が良いんで高級車は維持費もかかるの知ってるんです。だから、適当にデート使いしたら廃車で満足なんですよ」

そんなPのもとにある時、仲間から【ゴツイのが入った】と連絡があった。前述のフラグシップモデル。メーカーは超高級メーカーだ。

「調べたら、全然、水没してないんです。ッて云うか、全く問題が何処にもない。いくらなんだって云ったら高級洗濯機と同じ。そんな莫迦なって云ったんですけれど。整備のプロが云うんだから、信じるしかないですからね」

その車はPが買った。一度は乗ってみたかった車だ。嬉しくて乗り回した。

「乗った晩に信号待ちで、隣の車がトラックにオカマ掘られましてビックリしました」

それから暫くしてPの部屋に空き巣が入った。人生初の体験だった。

「もうほんとにガッカリしました」

それから小学校からの親友が脳溢血で急死し、親戚の高齢者が四週続けて亡くなった。

「もう香典貧乏ですよ」

やがて昼間の職場でPの顔色が悪いと噂がたった。何度も精密検査を受けろと上司から忠告された。

「ぼくはなんともないんですけどね……でも」

――臭いと云われるようになった。同僚だけでなく客からも線香臭いと云うのだ。なんだか憂鬱な日を過ごしていると彼女から唐突に別れようと云われた。結婚も考えていたPは動揺した。彼女は理由をはっきりとは説明せず、ただ「合わないと思う」との一点張りだった。

ある時、自棄になってドライブしているとラジオが消えない。消しても消しても鳴っている。

「変だなと思って手を伸ばすと」

伸ばした手を掴まれたという。白いブラウスから伸びた細い腕が、きゅっと掴んだのだ。

「びっくりしてハンドル操作を間違えて大スピンですよ」

急ブレーキを踏んで停めたが、フロントは信号機の太い根元までキャラメル一箱分しか隙間がなかった。

翌日その話をすると、納車を担当した仲間が「やっぱし」と苦笑いした。

「それは、ある殺人事件で被害者の女性を一昼夜拉致したのに使われてた車だったんス」

数日後、別れた彼女からメールが来た。そこには『別れないと殺すって部屋に出る女の人に云われた。あなたはその人のものだからって』

メールにはあの車に一緒に乗った時の彼女の写真が添付されていた。店のショーウィンドーに映った車を撮ったものだったが、誰もいないはずの後部座席にいる女がカメラを物凄い形相で睨みつけていたという。

スナック『愛2恋』

「歳は取りたくないねえ」と、ヨッサンは首を何度も振った。もう呑み始めて五時間が経っていたが、ヨッサンはペースを落とさず酎ハイを口に運んでいた。

ヨッサンはこの呑み屋でよく会うのだが、先日行きつけのスナックが営業中止になったのだという。スナックは『愛2恋』という名で、ママはヨッサンと同い年の七十二歳。

築五十年を過ぎた木造アパートの一階にハモニカの様にずらっと並んだスナック村の一軒で、カウンター六席だけの細長い店だ。そこでは俗にいう昼カラをやっていた。

「もう後期高齢者ばっかしだから夜はダメ。昼に簡単な定食とカラオケ歌い放題で千円ポッキリ。それぐらいが丁度、心地よいんだ」

店の常連は五人ほどいた。みな徒歩圏内の住人だったが、なかでも最も近くに住んでいたのはゾンという男だった。

「ゾンは愛2の真上に住んでいた。本当に真上、安普請の崩壊寸前のアパートだから店の天井をホウキか何かでドンドンって突いて、下りてこい！　って云うと、なんかゴソゴソ動く感じがして下りてくる。そんな感じ。昔はタクシーの運転手やってたんだけど腰を悪くして、当時は生活保護だったんじゃないかな」

北の出身だというゾンは無口で、いつも静かに呑んでいた。ただし、一旦来れば閉店まで必ず座り続けている。その間、ずっと薄い焼酎を飲みっぱなし。

「ある夜ママが、ゾンが癌だって云うんだよ。暫く入院してたらしいんだけど、顔を見せないって。でも俺、店入る前にゾンっぽい奴が二階の外階段を上るのを見たからさ。呼ぼうぜって、ホウキでドンドンやったんだ。それでも下りてこないから部屋をノックすると、あいつが〈ああ〉なんつって顔出すから無理矢理、連れてきて。その日は随分、呑んだ。なぜか昼しか来ないメンバーも偶然、顔出してさ。なんか久しぶりに楽しかったんだ」

が、それがゾンが店に来た最後になったという。

「もうだいぶ参ってたのか、ホウキで突いても来ないし、ドアをノックしても中から〈疲れてるから〉って断る声がしてさ。まあほっとけほっとけってことになったんだ。なんだか弟が割と近いとこに居るから、そっちに移るって話だったしね」

その後ゾンの姿は見なくなり、もう弟のところに行って死んだ、という話になっていた。

ある時、昼カラの最中、突然、唄っている曲が入れ替わってしまった。

「常連が十八番の北国の春、歌ってたら、埴生《はにゅう》の宿になったんだ。あれれれって、みんなずっこけちゃってさ」

埴生の宿はゾンの持ち歌だった。照れ屋のゾンはそれだけは唄うことができた。曲はそれからも度々、埴生の宿に替わった。業者に調べてもらったが配信の故障ではないという。誰かが選曲しているのだ。

「それに誰も唄ってないのに、突然流れたりね。それも大音量だから心臓が止まるくらいびっくりする」

知らず知らず、弟の所で亡くなったはずのゾンが帰ってきているんじゃないかと噂になった。一番、青ざめて、また憤慨したのはママだった。

営業妨害だと、店内至るところに御札を貼ったり、魔除けグッズを置いたりしていた。

「そんなある日、昼カラやってたらママがギャッー！　って悲鳴を上げた。見ると天井に黒い染みが浮かんで。それが人の顔になってるんだ」

と、見る間に天井から液体が降ってきたという。まるで顔が泣いているように。

「黒い雨でさ。物凄い悪臭なんだ」

騒ぎを聞きつけてやってきた警官は『愛2恋』の真上の部屋で、半ば白骨化したゾンの死体を発見する。腐乱が進み、液状化していたという。不思議なのは検視結果で、彼らがゾンを連れ出して最後に飲んだ日には、既に亡くなっていたのだという。

「確かに俺らは一緒に呑んだんだけどねえ」

後日、スナックのママが窃盗と死体遺棄の容疑で任意同行された。ゾンの死後、部屋の中から金品を持ち出していたのだという。

黒史郎

ご挨拶

実家が有名な和菓子屋であるマリさん。

これは、お母様の和香子《わかこ》さんが体験されたことである。


五年間の同棲を経て、二十六の時に入籍。その翌日に相手の実家へ挨拶しに行った。その家は代々、伝統的な味を守り続けてきた老舗の和菓子屋。相手の親とはこの日が初顔合わせになるのだが、厳格な父親だと聞いていたので和香子さんはとても緊張していた。

結婚はしたいとずっと思っていた。だが、相手の家に嫁ぐという心構えがなかなかできず、時間をかけてその心構えがようやくできてからも直前で足踏みしてしまい、色々と理由をつけてやるべきことや考えるべきことを先送りにしてしまっていた。そんなこんなで相手の親に挨拶に行くタイミングも逃し、二十六歳の誕生日にプロポーズを受け、その勢いで入籍。どう考えても礼儀を重んじる家である。籍を入れる前に挨拶はしておくべきだったと、夫の実家へ向かう新幹線の中で何度も後悔した。

「はじめは厳しいことを言われるだろうけどさ、親父も独り身が長いから、家族が増えるのは喜んでくれると思うよ」

夫の母親は早くに亡くなっている。

写真は見ていたので顔も知っていたし、温和な人となりも聞いていた。父親に叱られた時も、よくかばってくれたという。今日の場にいてくれたなら、どれだけ心強かったことか。


不安だらけな義父との初対面。焦りと緊張で事前に準備していた言葉は頭からすべて飛んでしまい、結果から言えば、大失敗に終わった。

義父は昔気質な人だと聞いていたが、やはりこういうことの順序には厳しかった。夫は同棲していることも話していなかったようで、この日に初めて和香子さんの存在を知った義父は、夫に対し厳しい言葉を連ねていた。それは和香子さんへ向けられた言葉でもあった。

ドラマで見るように、厳しいことは言われても最終的には受け入れてもらえるものだと心のどこかで期待していたのだが、甘かった。沈黙の多い、砂を噛むような夕食をともにし、言葉も交わさず、目も合わさない時間がゆっくりと経過し、その日は泊まることになっていたので夫の使っていた部屋に布団を敷いて寝た。

隣が義父の部屋なので、おちおち愚痴や弱音を夫にこぼすこともできない。また仕込みなどで朝も早いというので、休んでいるところをうるさくしてはいけないと動くのにもいちいち気を遣う。なにもできないので九時には消灯した。

夫は布団に入ってすぐに鼾《いびき》をかきだしたが、和香子さんはなかなか寝付けなかった。目をつむって浮かんでくるのは、義父の厳しい表情。入籍の報告をした時の重苦しい空気を思い出すと胸が苦しくなった。

夫は遠くない日に、この和菓子屋を継ぐことになる。そうなれば、あの厳しい義父とも付き合っていかなければならない。この家に嫁ぐということはそういうことである。夫も、あんな厳格な人になっていくのだろうか。自分はこの家でやっていけるだろうかと不安になった。

考えれば考えるほど、うまくいかない未来ばかりを想像してしまい、まるで寝付けない。うーん、と夫の寝ている側に寝返りを打つと、義母と目が合った。

肩が触れ合うくらいの近さで隣に寝ていて、和香子さんに顔を向けている。

声はあげなかったが、和香子さんは泣いてしまった。

そんな和香子さんに気づいて目覚めた夫がなぐさめてくれたが、そのあいだも義母は夫越しに和香子さんを見つめていた。

そこで和香子さんは、今日の自分がいかに礼を欠いていたかに気づく。

義母にお線香をあげていなかったのだ。

入籍の報告をしなければならない、もう一人の相手なのに。

写真でしか見たことのなかったその顔は、なんともいえぬ冷たい表情をしており、自分が歓迎されていないことがわかった。まっすぐに向けられた虚ろな目からは、なんの感情も受け取ることはできなかったという。

結び現象

最初はバスルーム内のタオル掛けに、垢すりタオルが結ばれていた。

普段はそんなことはせず、使ったら掛けておくだけである。結んだりすれば巻き込んだ箇所が乾ききらず、臭くなってしまう。だが数年前、清春《きよはる》さんが風呂に入ろうとしたらそういう状態になっていたので、「これはなにしてるの？」と妻をバスルームに呼んで訊ねた。ところが妻も知らないというので話はおかしくなる。二人暮らしで妻が知らないのなら、誰がこんなことをやるのかという話になったのだ。

「キーくんが無意識にやってるんじゃない？」

「なんでおれがこんなことするんだよ」

「だから無意識に」

「ありえないよ」

もやもやしながらもこの時はそれで終わったのだが、それから年に二、三度、同様のことがあった。バスルームの垢すりタオルだけでなく、クローゼット内にかけてある清春さんのネクタイや妻のマフラーも同じ結び方をされていた。そして、そのたびに清春さんは妻が、妻は清春さんがやった悪戯《いたずら》だと思って本人に訊くのだが、どちらも知らないと答える。

半年前にはネクタイ三本がそんなことになっていたそうだ。

はじめは侵入者も疑ったそうだが、部屋が荒されるとか、物がなくなるといった被害もない。わざわざ垢すりタオルやネクタイを結んでいくだけの侵入者などいるだろうか。

そこまで話を聞いた私は清春さんに訊ねた。

「心当たりはまったくないんですか？」

「いや、普通に妻を疑っていますよ。あ、元・妻なんですが」

三年前に別れているとのこと。

「では今でも会ってらっしゃるんですね」

「いえ？　三年前からまったく会ってません」

もう同居はしていない。会ってもいない。

それでも半年前に清春さんの自宅にあるネクタイは結ばれていた。

「つまり、元・奥さんが勝手に家に入って、やっているというわけですか」

それはありえないですと清春さんは即答した。

「引っ越してますし、うちの住所はしらないはずですから」
それでも元・妻の仕業だといえる理由があるのだそうだ。

去年の春ごろ、今の自宅でリモートワークをしている時だった。ＰＣでメールを打っていると、背後を誰かが通ったような空気の流れを首筋に感じ、振り向いた。元・妻がトイレに入っていくところだった。

後ろ姿で顔は見ていないが、よく着ていた部屋着姿なので間違いない。トイレの扉は開いていないので、すり抜けて入っていったと思われるが、ドアノブを握るような所作もしていたので不自然な光景には見えなかったという。

妻の幽霊だとは思わなかった。元・妻とは会ってはいないが、向こうの母親とは離婚後も仲が良く、今でも時々電話がかかってくる。そこで元・妻も元気に暮らしているという便りを耳にする。

事前におおまかな内容を清春さんからうかがっていた私は、元・妻が健在であることも聞いていたので、彼が見たものは俗にいう「生霊」というもので、謎の結び現象は一種の「呪い」なのではないかという仮説を用意していた。生霊に呪い、いずれも安易に使いたくない言葉だが、この案件に当てはめる仮の言葉としては、もっとも適していると考えたのだ。

しかしやはり、私の見立ては見当違いだった。二人が別れた理由はどちらが悪いというものではなく、お互いのために選んだ結果であって、いわゆる円満離婚。元・妻は新たに恋人もでき、人生を謳歌《おうか》しているという。清春さんを呪って生霊を送るような理由はないのだ。

清春さん自身も、元・妻に対して未練もネガティブな感情も抱いていないので、自分が見たこと、起きていることに、いったいどのような意味があるのか、あるいは意味などなく、無視していいものなのか、はかりかねているという。

キリン

リオさんの実家にはキリンの玩具がある。

子どもの手の平に乗るくらいのサイズで、尻尾を引っ張るとヨチヨチと歩く仕掛けがある。《MADE IN》の先の塗装が剥げて生産国は不明。小さい頃はいちばんのお気に入りだった玩具で、肌身離さずどこにでも持ち歩いていた記憶があり、アルバムにはこの玩具と一緒に写っている写真が何枚もあるという。

今でも問題なく動くそうだが、塗装が剥げてしまってキリンの柄とはまた違う、まだら模様になっている。そのため、キリンにはまったく見えず、首の長い不気味な生き物になってしまっていた。何度も捨てようとしたのだが、なかなか実行に移すことができず、今でも捨てるタイミングをはかっているという。

古びて変わり果ててしまったとはいえ、せっかくの思い出の品。リペイントして飾ってはどうかと提案したが、いや、どうしても捨てたいんです、と意志は固い。

そうまでして捨てたいわけをうかがうと、

「勝手に歩くからです」

動いたり音声を出したりするギミック付きの玩具が勝手に作動する話はよくある。多くはスイッチの接触の問題による誤作動だろうが、夜中などに突然動けば肝を冷やされるし、タイミングによっては超常的な現象と感じることもあるだろう。

しかし、このキリンの玩具は、そういうレベルではないらしい。

普段は母親の部屋の箪笥《たんす》のなかに半紙に包まれてしまわれている。リオさんが出すことを固く禁じているからだ。母親はリビングなどに飾りたがっているが、もしそのような日が来たらすぐに処分する心づもりであることを告げているので、少なくともリオさんの前で出すことはない。

ところが、リオさんが帰宅すると、リビングの床をこれが歩いていることがたまにあるのだという。

そういう時はきまって、家に家族はいない。

母親の箪笥の中にある物がリビングにあることが、まずおかしい。

このキリンは尻尾を引っ張ると二十秒ほど歩いて、だんだん動きがゆっくりになって止まる。リオさんが帰ってきたタイミングで誰かが尻尾を引っ張らなければ、歩くはずがないのである。だから、リオさんが帰宅したタイミングでキリンが歩きだしたか、直前まで家に誰かがいて尻尾を引っ張ったことになる。

いずれにしても、気味が悪いことに変わりはない。たとえ思い出の品だろうが、家に置いておきたくないのはそういう理由があるからだった。

しかし、母親は正反対の印象を抱いており、

「ト○ストーリーみたいで愛らしいやん」

そういって、勝手に歩くキリンの玩具をかわいがっている。

リオさんが物心つく前から家にあった玩具なので、付き合いはリオさんよりも長く、母親には特段の愛着があるのかもしれない。

だが、このキリンは親が買ったものではなく、いつから家にあったのか、どういう経緯であるものなのか、両親とも知らないのだ。リオさんが生まれる前からあったのかもしれないというのだが、そんな得体のしれない玩具《もの》を大事にしている母親の気が知れないという。

「でも、勝手に出歩くだけなら、まだ我慢ができたんです……」


高校生の頃にこんなことがあったという。

自分の着る物は自分で洗うというのが家のルールなので、リオさんは脱衣場の洗面台で体操着を手洗いしていた。

「リーオー」

隣の母親の部屋から呼ばれたので脱衣所から顔だけを出し、

「はーい、なにー」と返す。

「なにしてんのー」

「体操着洗ってる。明日使うねん」

「なんでー」

「保健体育があんねん」

「なにしてんのー」

だから洗濯をしてるんだと返したが今度は返事がない。声が届いていないのかなと脱衣所から半身を出し、母親の部屋に向かって「洗濯してるよ」と少し声量をあげたが、それにも反応がなかった。

そっちから話しかけといてなんなんだと隣の部屋に行くと母親はおらず、キリンの玩具が畳の上をよちよちと歩いている。

ぎゃあ、と叫んだリオさんは乱暴に扉を閉めた。

最低な悪戯《いたずら》だ。これを機に処分してやる。

まずは文句をいってからだと母親の居場所を探すが、どこにもいない。

この日、母親は朝から用事で出ていて、帰ってきたのは深夜だった。
いつから家にあるかもわからず、勝手に歩きまわり、母親のふりまでする。
そんなキリンの玩具は今もリオさんの母親の保護を受けながら、たまに歩いている。

はがさなければよかったのに

江奈さんのご実家は高級茶葉の販売をしている有名店である。

以前まで、この店のレジを打つ場所の後ろの壁には大きな《お札》が貼られていた。

読めない墨字と記号のようなものが朱墨でたくさん書かれた年代の古そうなもので、両親はこれをずっと《お札》と呼んでいたが、本当にそういうものなのかはわからない。というのも、みんな家族の誰かが貼ったものだと思っていたが、祖父も両親も家族の誰も、そこに《お札》など貼ってはいなかった。蓋を開けてみれば、誰がいつ何の目的で貼ったかもわからない、謎の紙だったのだ。

それがわかると父親はひどく気味悪がり、剥《は》がして処分してしまった。

まさか、そのことを後悔する日が来るとは、この時は誰も思っていなかった。

家の主要な出入口として使っているのは一階の店舗入口で、裏手にも扉がある。そこからは一階の店舗には入ることはできず、扉を開けるとすぐ目の前に二階に上がる木造の階段がある。二階の居住部分に上がるためだけにつけられた扉なのである。

この階段には手摺りがなく角度も急で、江奈さんと弟、たまに母親が使うくらいで、父親は膝を悪くしてから一度も使っていない。急すぎて、上がる時に下りてくる人の姿が見えず、弟や母親とぶつかりそうになって何度か危ないこともあった。そこで母親が、上がってくる人が見えるような角度で階段の上に鏡を取りつけた。


高校生の頃だった。

風呂に入ろうと部屋を出た江奈さんは、二階の廊下の薄暗さに気づいた。

雰囲気ではなく、光が弱い。原因はすぐにわかった。階段の照明が弱くなっているのだ。いつもはもっと黄色く明るい光を放っていたが、赤みがかった黄色で光が濁って感じる。

そのせいか、とても嫌な予感がしたのでシャワーのみにして早めに済まそうと思った。

洗髪中がいちばん怖いので手早く洗っていると、なにかが肘《ひじ》に当たる。髪の毛の隙間から肘を見ようとした江奈さんは、うっかり、それを見てしまう。ぐっしょりと濡れた女の人が、浴室の壁にべったりとへばりついているのを。

叫んだのかどうかも覚えていない。無意識にタオルだけは掴んで胸元に巻いていたようで、気づけば髪からぽたぽた水滴を垂らしながら、リビングにいた小学生の弟の腕を掴んで屈みこんでいたという。

母親はこの手の話は信じるほうなので、江奈さんの話を聞いてわかりやすく顔色が変わった。弟は「うちに知らない女の人が住んでるの？」と怖がり、父親は気味悪がってはいたが、「鏡で見た自分じゃないのか」と半信半疑。祖父はあまり状況を理解しておらず、重苦しい空気の中でひとりヒシャヒシャと笑っていた。

この一度だけならば、父親のいうように江奈さんの見間違いということになっていたかもしれない。だが、この後から事態はさらに深刻さを増していくことになる。

江奈さんのバスルームでの一件から一週間も経っていない日の夕刻。今度は母親が見てしまう。

近所にある親戚の家に用事があり、裏口から出ようと二階廊下を階段に向かって歩いていると、階段の下から上がってくるような軋《きし》みが聞こえた。

――子どもたちかな。

下りずに待って鏡越しに階段を見ると、知らない男がいる。

這うような姿勢で段鼻《だんばな》に両手をかけ、青白い顔をした中年男が上がってくるのだ。

鏡越しに目が合ってしまった母親は、持っていたバッグを放り出して逃げた。

「あのお札を剥がしたからよ」

江奈さんと母親で父親を責めたが、もう処分してしまったのでどうしようもない。代わりに盛り塩をすることになり、お札が貼られていた店舗にやるか、びしょ濡れの女がいた風呂場にやるか、男が這っていた階段にやるか、あるいはすべての場所にやるのかを話し合う。

父親は店には置きたくないというので、脱衣所と階段の二カ所に置くことになった。

階段は上から三段目の端に塩を盛った小皿を置く。そこは男が手をかけていた場所であるという。

たまに塩が水気を含んでべちゃべちゃになり、変色していることがあった。母親はこれを、塩が悪いものを退けたからだと考え、必ず寝る前には新しい塩に交換していた。

すると心なしか、家の中の雰囲気が明るくなったような気がした。

「家が浄化されたみたい。塩が悪い気を吸ってくれているのね」と母親は塩の効果に満足しているようだった。

風呂場での一件から江奈さんは朝に入浴するようになり、母親も裏手の階段を使わないようになっていたが、塩の効果に不安が軽減されていくうちに以前の生活に戻っていった。

こうして、幽霊騒動は終わった――かに思われた。

ある休日の朝。午後に来客があるので母親と江奈さんは二階の掃除をしていた。

そこに弟がやってきて、

「友だちとサッカーしてくる」

廊下ですれ違いざま、江奈さんは「気をつけていきなよ」と弟の背中に声をかけた。

すると弟は階段の前で立ち止まり、階下を覗き込むように見ている。

なにをしているんだろうと見ていると、弟は少し屈んでから、ぴょんと跳んだ。

「え？」と江奈さんが声をあげるのと同時に、バーンという大きな音がした。

慌てて向かうと、階下の扉がある狭いスペースに、シンクロナイズドスイミングみたいに足がピンと立っていた。弟の上半身は階段と扉の隙間でグニャリと曲がっていた。

頭から大量の出血をしていた弟は、救急車が来るまで譫言《うわごと》のようにいっていた。

「はがさなければよかったのに」


弟は大怪我だったが、幸い命に別状はなかった。

なぜ、あんな無茶をしたのかと問われると、「とんだほうがいい」「とばないといけない」という気持ちになり、気がついたら落ちていたと答えた。

「はがさなければよかったのに」

この言葉を繰り返していたことは、弟本人はまったく覚えていなかった。

S家への不安

休日に朝寝をむさぼっていたユキエさんは、その騒がしさに起きる。目をこすりながら外に出ると、家の前に救急車両が停まっている。よく見るご近所さんがちらほら、警察の姿も見られる。

「やーね、事件かしら」

母親も出てきて不安そうに見ている。

近所の人から話を聞くと、向かいのS家でなにかがあったようだという。なにがあったのか、ユキエさんは外に出た瞬間から察しがついていた。

臭ってくるのだ。

S家は平屋の木造一軒家でユキエさんの家の真向い、といっても道路と駐車場を挟んでいるので、そこまで近いわけではない。それでも、はっきりとした腐臭を感じた。

S家には五十代くらいの長男と高齢の母親が二人で暮らしている。長男はときどき見かけるが不愛想で近寄りがたい空気をまとっており、働いている素振りはない。

状況が少しずつ分かってきた。

三十分ほど前、近所の人が泣きながら家の前をうろうろしているS家の長男を見かけ、声をかけたらしい。すると長男は「一週間ほど母親を見ていない。母親の部屋から嫌な臭いがする」と答えたという。部屋は確認していないのかと訊くと、「母親がどんなことになっているのかを想像すると部屋になんて入れない」と泣くので、その人が慌てて救急と警察を呼んだということだった。

そんな話を聞いてユキエさんは、同居している母親の異変に一週間も気づかなかったという長男の神経を疑った。年老いた親が一日でも姿を見せなければ、普通は心配するものだ。あるいは、わかっていたのに放置していたのか。

仕事もせず、親の年金にすがって暮らしていた身。その生活が終わるのが怖かったのかもしれない。いずれにしても一週間も放っておくなんて、やはり普通の神経ではないのだろう。こんな臭いがするまで腐敗した母親が襖《ふすま》の向こうにいるのに、そこで平然と飯を食って寝ていたのだと思うとゾッとした。

ところが、その後に意外な事実が判明する。

S家の高齢の母親は、亡くなってはいなかった。

救急で運ばれてきた母親を診たという看護師がたまたま近所に住んでいる人で、彼女から当時の様子を聞いたという人から教えてもらった。

搬送時、母親は意識もはっきりとし、受け答えもできていたという。

母親本人の話によると、自宅の自室で起床後、すぐに体調が悪くなって動けなくなった。声も出ず、かろうじて片腕は動くが、力がほとんど入らないので部屋から出られず、長男が気付いて見にくるのを待っていたのだという。

長男とは同居していても生活空間は別々で、食事も自分の部屋で一人でとっていた。だから部屋には、数日前にスーパーで購入したパンやカップうどん、ペットボトルのお茶などが袋に入ったまま置いてあり、動けないまま、それらを食べてしのいでいたらしい。

水分と食料があったことは幸いだったが、動けなかったことは母親の身に大きく災いしていた。トイレに行けず、排泄物が垂れ流しの状態だったので、搬送時の母親は大変な異臭を放っていた。それにくわえ、腰から下の皮膚の爛《ただ》れと化膿がひどく、そちらの臭いのほうが排泄物の臭いよりも強かった。あちこちの皮膚の破れ目に膿が溜まり、そこに大量に産みつけられた蛆がもぞもぞと潜り込んでいたという。皮膚の剥離が多い臀部《でんぶ》はとくに蛆が多く、ここまでひどい状態の患者は今まで見たことがなかったと言っていたそうだ。

その臭いをユキエさんは死臭だと思ったのだ。

それからまもなく母親は退院したそうだが、当然ながら今後のことを心配する声が多かった。また同じようなことが起きた時、あの長男は対処できるのか。老母を介護できるとは思えないし、施設に入れたり入院させたりといったことも考えていないだろう。気がつくとS宅は解体されてなくなり、土地は更地になっていた。その後、親子がどうなったのか、風の噂でも聞くことはなかったという。

そんなことなどすっかり忘れていた、ある日。

実家に遊びに来た友だちから、ユキエさんは奇妙な疑いをかけられた。

「死体とか隠してない？」

ユキエさんの部屋に入った途端に鼻を摘まみながら言われたので、「はあ？」と返した。友だちは押し入れを目で示し、多分そこから臭うというのだが、ユキエさんにはわからない。いや、かすかに臭う気もするが、そこまで言われるほど臭くはない。

くさいっ、耐えられない、といって出ていこうとするので、仕方なく押し入れを開けて確かめようとすると、友だちが後ろで「ぎゃあ」と叫んで部屋を飛び出した。

びっくりして追いかけると友だちは靴脱ぎ場に裸足で屈みこんでいるので、ひとまず落ち着かせるために外へ連れ出して話を聞く。押し入れのなかにお爺さんがいたという。

「ひとんちで変なこといわないでよ！」とさすがに怒る。

「嘘だと思うなら確かめてきてよ！」と物凄い剣幕で言い返されたので、怖くなった。

普段、こんな発言や行動はしない、極めて理性的な友だちなのだ。さっきはよく見なかったが、本当に押し入れにお爺さんが入っていたのかもしれない。恐々と一人で部屋に戻って、開けたままの押し入れの中を覗き込むが、ヘドロのような臭いはほのかにするが、お爺さんはいないし、見間違えるような物もない。プラスチックの衣装ケースや圧縮袋に入れてたたまれた布団が隙間なく整頓されて入っているだけだ。そう何度も言い聞かせたのだが、友だちはこの日、二度とユキエさんの部屋には入ろうとしなかった。

同じ日に母親からも臭いと苦情があった。

押入れから臭うみたいだとユキエさんがいうと、奥でネズミでも死んでいるんじゃないと嫌な顔をされた。そして、せっつかれるままに収納物をすべて押し入れから出し、中をよく調べてみた。何も見つからない。でも臭いはする。

「あの時の臭いに似てない？」

そういって、母親が眉根を寄せる。

「あの時って？」

「ほら、おんなじじゃない、あの時の臭いよ、これ」

あの日、S家から臭ってきた臭いと同じだという。

いわれてみれば、大小便の臭いと人の皮膚の腐った臭いの混じりあった、あのなんともいえない不吉な臭いに似ている気がする。いや、同じ臭いだ。

ふと、嫌な想像をする。押し入れのなかにお爺さんがいた――友だちはそういっていたが、それはお爺さんではなく、お婆さんだったのではないのか。

歳をとれば性別がわかりづらくなるというが、S家の母親はスポーツ刈りのような短髪で顔つきも中性的、ユキエさんも声を聞くまでは本気でお爺さんだと思っていた時がある。

友だちが見たのは、そして今、この押し入れの中にいるのは――。

あの母親が、どこでどうしているのかが、ひどく気になった。

まさか、今ごろ押し入れの中に放置されてはいまいかと。

福澤徹三

黒いもの

公務員のAさんの話である。

彼は三十代なかばで東北の実家に住んでいる。

ある日、縁側にでるとなんともいえない厭な臭いが漂ってきた。生きものの屍体が腐ったような臭い。庭におりて床下を覗いたら、仔猫が死んでいた。実家は古い木造の一軒家で植木の多い庭があるから、ときどき野良猫が入ってくる。仔猫を産み落としたのはそのなかの一匹だろうが、鳴き声はしなかった。

「産まれてすぐ死んだみたいでした。かわいそうだけど、臭いがすごくて――」

Aさんは蟻や蝿がたかった屍体を床下からどけ、庭の隅に埋めた。

それからしばらくして縁側にでたとき、このあいだとおなじような腐臭が鼻についた。まさかと思いつつ床下を覗いたら、またしても仔猫の屍体がある。

そんなことが何回か続き、屍体を片づけるのにうんざりした。あいかわらず鳴き声はしないけれど、野良猫が床下に住みついているにちがいない。Aさんは防水の屋外用カメラを庭に設置した。カメラには夜間も撮影できる赤外線ＬＥＤと動体検出センサーがついていて、動くものがあると自動で撮影を開始する。

「どんな猫がどこから入ってくるのか調べようと思いました」

カメラは仔猫の屍体が見つかる床下の方向にむけた。映像を確認すると、レンズが広角だけに縁側に面した仏間がガラス戸越しに映りこむが、自分以外は見ないから問題ないと思った。

カメラを庭に設置して何か月か経った。それまでに野良猫の映像は撮れなかった。けれども母が奇妙なことをいいだした。家事の合間に仏間で仮眠することが多かった母は首筋を揉みながら、

「なんでだろ。最近ここで寝てたら異様に疲れるんよ」

「ちゃんと布団で寝ればいいじゃない」

「だめよ。布団敷いたら本気で寝ちゃうから」

母とそんな会話をかわした数日後、仕事が休みだったAさんは時間指定の宅配便を待っていた。天気のよい昼さがりで、縁側のガラス戸と障子《しょうじ》を開けると、仏間は外の風が入って心地いい。

Aさんは仏間の畳に寝そべって肘枕《ひじまくら》をついた。

いつのまにかうとうとしていたら、ずしん、と脇腹が重くなった。誰かに踏みつけられたような感触である。驚いて起きあがろうとしたが、軀《からだ》がまったく動かない。仏間のどこかで、キイキイと舟の櫓《ろ》を漕ぐような音が響いている。

肘枕をついたままの姿勢でおびえていると、頭のてっぺんがすうすうした。誰かが息を吹きかけている。そんな気がして背筋が寒くなったが、軀はいまだに動かせない。見えない縄を振りほどくように力んでいたら突然手足が自由になり、Aさんは跳ね起きた。

同時に玄関のチャイムが鳴って、ぎくりとした。

が、チャイムを鳴らしたのは宅配便の配達員だった。Aさんは受けとった段ボール箱を開けるのも忘れて、しばらく放心していた。

「さっきのは、いったいなんだったんだろう」

ぼんやり考えていたら、庭に設置したカメラを思いだした。カメラには動体検出センサーがついているから、外からなにかが仏間に侵入したのなら、その映像が撮れたかもしれない。急いでカメラを回収したら、ちゃんと録画になっている。どきどきしながら映像を再生すると、金縛りに遭った自分の姿が映っていた。

そのむこうで、開けていた仏壇の扉がゆっくりと閉じた。画面の下になにか黒いものがいて、ずるずるした動きで床下に入っていく。外は明るいだけにもっとはっきり映るはずだが、黒いものはちいさな写真を拡大したように輪郭がぼやけている。

「黒いものがなんなのか、さっぱりわかりませんけど――」

あれが仔猫の屍体を運んでたのかも、とAさんはいった。

ビデオの老人

農協に勤めるNさんの話である。

二十年ほど前、Nさんは当時つきあっていた彼女と青森の奥入瀬《おいらせ》渓流へ旅行にいった。鮮やかな緑の森のなかを、澄んだ渓流が流れている。Nさんは父親に借りたビデオカメラで、美しい景色をバックに彼女の姿を撮影した。

あたりが暗くなるころ、ふたりは宿泊先の旅館にもどった。風呂で汗を流して夕食をとったあと、きょう撮ったビデオを観ようという話になった。

Nさんはテープを巻きもどし、三色に色分けされたケーブルを客室のテレビにつないで再生した。彼女ははじめこそおもしろがって観ていたが、ふと眉をひそめて、ちょっと、といった。

「これ変じゃない?」

「なにが変なの」

彼女は画面を指さした。森のなかを歩く彼女の背後に、見知らぬ老人が立っている。

老人は瘦せこけて、ぶかぶかのスーツを着ている。中折れ帽をかぶっているので顔はよく見えないが、Nさんが撮影していたとき、近くには家族連れしかいなかった。ふたりが老人の存在に気づかなかったにせよ、森を歩くような恰好ではない。

なおもビデオを再生すると、撮影場所が変わっても老人は一定の距離を保ちながら彼女の背後にいる。木の陰からこっちを窺《うかが》うような姿勢が不気味だった。

「怖いよ。もう観たくない」

彼女が泣きそうな声でいうからビデオを止めた。

布団に入っても彼女は怖がっていて、背中をむけたままだった。

深夜、Nさんは不審な音で眼《め》を覚ました。

きゅるきゅるきゅる。

きゅるきゅるきゅる。

なんの音かと思って半身を起こしたら、テレビにつないだままのビデオカメラが巻きもどしと早送りを繰りかえしている。

隣の布団に眼をやると、彼女は前から起きていたようで、こっちをにらんでいた。彼女は無言だったが、涙ぐんだ眼が「なんとかして」と訴えている。

Nさんは布団から這いだしてケーブルを乱暴に引き抜き、ビデオカメラのイジェクトボタンを押した。しかし、どういうわけか反応がない。いらだってイジェクトボタンを何度も叩いたら、ようやくビデオテープがでてきた。Nさんは磁気テープをケースからひっぱりだしてくしゃくしゃにし、ゴミ箱に捨てた。それで異変はおさまったが、ふたりは眠れないまま朝を迎えた。

彼女とはそれから気まずくなって、旅行から帰ると別れるはめになった。

Nさんは数年後、農協に就職した。

仕事にもだいぶ慣れてきた、ある日の夕方だった。顔見知りのリンゴ農園を訪れると、農具をしまっている小屋から園主の男性が転げでてきた。真っ青な顔で震えている。

「どうしたんですか」

男性は唇をわななかせて小屋を指さす。要領をえないまま小屋に入ったとたん、心臓が縮みあがった。小屋のなかには、痩せ細った老人の屍体があった。

後日、現場を調べた警官に聞いたところでは、老人は隣の県に住んでいたが、多額の借金を抱えてゆくえをくらましたという。老人は逃走生活のあいだ喰うに困って痩せたようだが、死因は小屋にあった農薬による服毒自殺だった。

小屋で見た屍体は、奥入瀬渓流のビデオに映った老人とそっくりだった。中折れ帽はかぶってなかったが、体型にあわないぶかぶかのスーツに、はっきりと既視感がある。

あのビデオを旅館で再生したとき、老人は木の陰から彼女を見ているように思えた。

「でも、実はぼくを見てたんじゃないかと――」

だとしても、わけがわかりませんが、とNさんはいった。

八人

会社員のMさんの話である。

六年前、京都在住のMさんは妻子を連れて東京ディズニーランドへいった。東京ディズニーランドはみんなはじめてで、五歳の息子と四歳の娘は大はしゃぎだった。

その日は近くのホテルに泊まり、翌日は東京の叔父の家へ遊びにいった。東京といってもかなりの郊外だけに、叔父の家は広々として親戚夫婦が同居している。夜は近くに住んでいる祖父も顔をだして宴会になった。Mさんの息子と娘を含め、幼い子どもが七人もいるので宴会は大いに盛りあがった。

夜も更けたころ、座敷に布団を敷きつめて七人の子どもたちを寝かしつけた。叔母と親戚夫婦も早めに寝たが、Mさん夫婦と叔父と祖父は居間で酒を呑んだ。祖父は浮世絵が好きだから、その話題につきあっていると、

「見せたい画集があるから、持ってこよう」

祖父はそういって自宅へもどった。

叔父としゃべっていたら、Mさんの妻がトイレにいった。まもなく居間にもどってきた妻は眉をひそめて、ちょっとええ？　といった。

「トイレいったあと座敷を覗いたんよ。みんなすやすや寝とったけど、なんか人数が多い気がするさかい数えてみたら、八人おって――」

「そんなわけないやろ」

Mさんは笑ったが、ほんまやて、と妻はいいはる。Mさんは叔父と座敷にいった。そっと襖《ふすま》を開けると常夜灯がともる薄暗い座敷で、子どもたちは思い思いの格好で眠っている。Mさんと叔父は眼を凝《こ》らして、ひとりずつ数えてみた。たしかに八人いるように見えたが、熟睡している子どもたちを起こすのもはばかられる。叔父は首をひねって、

「酔ってるから数えまちがったかも」

「せやね。暗いし、みんな寝相悪いから、よう見えへんしな」

Mさんは自分を納得させるようにいったが、妻は酒を呑まない。

居間にもどって七人だったといったら、妻は安堵して寝室にいった。叔父とふたりでまた酒を呑んでいると小用を催した。Mさんが廊下にでたら座敷の襖が半開きになっていて、親戚夫婦の娘が顔をだしている。

「どないしたん。トイレいきたいんか」

娘はかぶりを振った。はよ寝なあかんで。そういって娘の頭を撫でたら、髪の毛がずるりと抜けて廊下に落ちた。つるつる頭になった娘は、こっちを見あげて笑みを浮かべた。

そのときになって親戚夫婦の娘ではないと気づいた。

Mさんは悲鳴をあげそうになるのをこらえて居間にもどり、

「やっぱりおかしい。知らん子がおる」

うわずった声で叔父を呼んだ。

ふたりは急いで座敷にいった。廊下に髪の毛は落ちておらず、つるつる頭の娘もいない。子どもたちを数えてみると、こんどはまちがいなく七人だった。けれども座敷に敷きつめた布団にひとりぶんの空きがあり、いままで誰かが寝ていたような形跡がある。叔父はそれを見て怪訝《けげん》な表情になった。

Mさんはおびえつつトイレで用を足した。居間にもどると画集を持ってきた祖父がいたが、もう浮世絵の話どころではない。祖父にさっきの出来事を話したら、

「昔、妹の娘が病気で髪の毛が抜けて、かつらをかぶっておったが――」

その娘はいまも健在だという。

翌朝、Mさんは朝食の席で、子どもたちにさりげなく訊いた。

「ゆうべ寝るとき、誰か知らん子がおらんやった？」

子どもたちは、みな首を横に振った。妻はなぜそんなことを訊くのかという表情でこっちを見た。親戚夫婦は先に寝たから、なにも知らない。

すこしして、やはり先に寝たはずの叔母が顔をこわばらせて、

「そういえば――」

とつぶやいた。Mさんは身を乗りだして、

「そういえば、なんですのん」

叔母はなぜか口ごもって答えてくれなかった。

Mさんは、あの娘はなんだったのか、いまも気になるという。

長い顔

女子大生のHさんの話である。

その日の午後、彼女はカフェのオープンテラスで文庫本の小説を読んでいた。コーヒーを飲みながら小説を読み終え、通りに眼をむけたら、

「すごく背の高い男のひとがいたんです」

あまりに目立つから思わず眺めていると、スーツを着た男はこっちに歩いてきた。そのとき、背が高い理由がわかった。男は頭から首にかけてが異様に細長く、画像編集アプリで縦にひきのばしたようだった。

「でも怖くないんです。なにかのパフォーマーが特殊メイクしてるのかと思って――」

Hさんの視線に気づいたのか、男はテーブルに近づいてくると、

「あーどきめらほんでさおか？」

わけのわからないことをいった。Hさんは首をかしげて、かぶりを振った。

男は縦に細長い眼でこっちを見てから、

「ん、ふいへもさね」

また意味不明なことをつぶやいて踵《きびす》をかえした。

「あのひと、なんだったんだろうって考えてたら——」

厚化粧の老婦人が通りを横切って、Hさんのそばにきた。

「ああ、よかった」

老婦人は安堵したようにつぶやいて、

「あんたがなにかしゃべるじゃないかって、はらはらしてたの」

「——どういうことですか」

「さっきのあれよ。あれとしゃべったら、怖い目に遭うところだった」

老婦人はそういって、すたすた歩み去ったという。

箱

主婦のSさんの話である。

彼女が生まれ育ったのは九州の旧家で、幼いころは迷子になるほど部屋数が多かった。そのなかに誰も出入りしない座敷があり、祖父母や両親は「奥の間」と呼んでいた。

「あそこで遊んだらいけんよ」

Sさんはそういわれて育ったが、入ろうにも奥の間には鍵がかかっていた。なぜ入ってはいけないのか、だいぶ年上の兄や姉に訊いてもわからない。両親は曖昧《あいまい》に言葉を濁す。実家がある村では昔ながらのしきたりや縁起担ぎが多かっただけに、それほど奇妙には思わなかった。

小学校三、四年のとき、奥の間になにがあるのか祖母に訊いたら、

「大事な箱があると」

「大事な箱って?」

「ご先祖さまが出入りするったい」

それ以上は教えてくれなかった。祖父にもおなじ質問をすると、

「箱のことば誰から聞いた？」

ばあちゃんだと答えたら祖父は顔をしかめて、

「そげなこつ気にせんでよか。大きゅうなったら、わかるけん」

ふだんは温厚な祖父が不機嫌になったから、黙ってうなずいた。


Sさんが中学一年のときだった。

放課後、同級生たちと教室に残ってしゃべっていると、ひとりが怖い話をはじめた。それをきっかけに、みんなも順番に怖い話をした。Sさんはこれといって話を思いつかなかったので、奥の間にあるという箱の話をした。するとKくんという男の子が、

「おれ、その箱見たばい」

Kくんは実家に何度か遊びにきたことがある。そのときに家の裏から奥の間に忍びこんで、箱を見たという。Sさんは驚いて、

「どんな箱やったん？」

Kくんはにやにやするだけで答えないから、冗談だろうと思った。

数日後の夜、寝間で寝ていたSさんは祖父の怒鳴《どな》り声で眼を覚ました。祖父が誰かを叱っているような雰囲気で、声は客間から聞こえてくる。

Sさんは足音を忍ばせて廊下を歩き、客間にいった。襖の隙間からなかを覗いたら、Kくんとその両親が神妙に膝をそろえてうなだれていた。

座卓のむこうに腕組みをした祖父がおり、いままで見たことのない険しい表情で、

「いまさらそういうたちゃ、どげんもこげんもならん。悪いばってん――」

あとの言葉は聞きとれなかったが、Sさんは怖くなって寝間にもどった。

なぜKくんと両親は祖父に叱られているのか。もしかするとKくんが教室でしゃべったことを同級生の誰かが家族に話し、それが祖父に伝わったのかもしれない。

翌日、朝の食卓で祖父と顔をあわせたが、ふだんと変わらぬ表情で、ゆうべのことにはまったく触れない。祖母や両親や兄姉もなにごともなかったように箸を動かしている。

不審に思いつつ学校へいくと、Kくんは欠席していた。先生によれば、父親の仕事の都合で急に転校することになったという。

それからまもなく、Kくん一家は村から姿を消した。祖父が関係しているにちがいないと思ったが、家族はもちろん村でそれを口にする者はいなかった。

Sさんは大学に入ると同時に村を離れ、卒業後は市内の企業に就職した。

あるとき、ひさしぶりに兄と会って居酒屋で呑んだ。実家の思い出話をしていたら、兄がふと声をひそめて、実は、と切りだした。

「あの箱をいっぺんだけ見たんよ」

それは、兄が十四、五歳のころだった。

夜、村の年寄りたちが着物姿で実家を訪れ、奥の間に通された。行灯《あんどん》をともした奥の間は薄暗く、正面に紙垂《しで》を垂らした祠《ほこら》のようなものがある。

「おまえはそこにおれ」

祖父にそういわれて、兄は奥の間の隅で正座していた。

年寄りたちが席につくと、祖父が祠のようなものの扉を開け、なかから箱をとりだした。大きさは十センチほどで、なんの変哲もない古びた木製の箱である。

けれども祖父が慎重な手つきで箱の蓋をとった瞬間、行灯の明かりが暗くなった。同時になにかが焦げた臭いがして、舌がちりちり痺《しび》れるような感覚がある。

祖父はおもむろに箱のなかを覗いて、

「あいかわらず、底が見えん」

とつぶやき、奇妙な儀式はそれで終わった。

「結局、あの箱がなんやったんか、わからんのよ」

それを調べようにも、実家はSさんがひとり暮らしをはじめたころに火災で全焼し、祖父母と父親が亡くなった。出火原因は不明だが、警察と消防が調べたところ火元は奥の間で、あの箱も焼けてしまったという。

黒木あるじ

ふすまめ

小学五年生の夏休み、S子さんは同級生から「お泊まり会」に招かれた。

仲良しグループ数名で同級生宅へ宿泊し、布団を敷き詰めた部屋でスナック菓子とジュースを楽しみながら、真夜中までお喋りに興じる——そのような愉しい催しだと、人伝てには聞いていた。ひそかに「自分もいつか誘ってほしいな」と願っていた。

ならば、招待されてさぞかし心躍ったに違いない——と、思いきや。

当のS子さん、ひどく憂鬱な気分になったのだという。

主催の同級生が条件をひとつ、提示してきたからである。


参加者は、かならず自身の怖い体験を語ること——。

参加した子の話によると、くだんの同級生はここ最近「怖い話」にハマっており、おかげでお泊まり会はプチ百物語の様相を呈しているのだという。自身のグループに属さないS子さんへ声をかけたのも「新しい語り手の獲得」が目的であったそうだ。

けれども彼女は心霊体験など皆無で、おまけにその手の話があまり好きではなかった。そんな人間が、同級生を満足させるネタを持ちあわせているはずがない。かといってテレビや雑誌で見聞きした話を開陳しようものなら、〈識者〉を気取る同級生に一発で看破《かんぱ》されてしまうのは明らかである。下手をすれば、もう二度とお泊まり会に呼んでもらえないどころか、クラスでの扱いにさえ影響をおよぼしかねない。

それは困る。お化けより、実生活に支障をきたすほうが何倍も恐ろしい。

そんなわけでS子さんは悩みに悩んだすえ、母親に事情を打ち明けたのだという。

すべてを聞いた母親は、しばらく顎《あご》に手をあてた姿勢で考えこんでいたが、

「……この話、ほかの人は怖いと思うんかな」

そう言って背後を振りむくと、押し入れの襖《ふすま》を睨みつけた。


お母さんがあんたくらいの年齢のときの話やけど。

あるとき、祖父《じい》ちゃんと祖母《ばあ》ちゃんが、法事に泊まりがけで出かけることになってな。

「あんたも大きいから、ひとりでも平気やろ」と、わたしが留守番を任されたんよ。

いちおう、ふたりの前では寂しそうな態度を見せたけど、内心では「やったあ」とバンザイしとったわ。だって、マンガ読みながらご飯を食べても、お風呂に入らんでテレビ観

とっても、好きなだけ夜更かししても誰にも怒られへんのよ。最高でしょ。

で、祖父ちゃんたちを見送ってから玄関の鍵閉めて、あとは居間でコタツに入ってお菓子を食べながら、のんびり気ままに過ごしとったんよ。

そんなら、たしか夜の十一時過ぎやったかな。うん、そのくらいの時刻だと思うわ。

いつも「子供は寝る時間やろ」と観せてもらえなかった番組を観ながら、眠気に襲われたのを憶えてるもの。かんじんの番組も、なんだか思ってたんと違う内容で、飽きとったんやね。子供なんてそんなもんよ、アホやろ。

ごめんごめん、話が逸《そ》れてもうたわ。それで——ウトウトしてたらな。

かか。かかか、くくく。

音が聞こえたんよ。木を拳で軽く叩いとるような、ちいさい音やったね。

はじめは「ネズミかな」と思ったんやけど、それにしたって音が近いねん。自分のすぐそば、この部屋で鳴っとんのよ。そんなん気になるでしょ。なにせ独りきりやし。

で、「どっから聞こえてんのかな」と、振りむいたら。

押し入れの襖が、ほんのすこし開いたんよ。

開いてたんとちゃうで。目の前で開いたんや。現在進行形や。

そう、あんたがいま見とる、その襖が。

かかか、くくく、って軋みながら。

わたしもビックリして、思わずコタツのなかへ潜りこんだんよ。頭だけ覗かせて亀さんみたいな格好のまんま、じいっと襖を睨んでな。

そしたら——目があんねん。

数センチくらい開いた襖の向こう、暗い隙間に目が光っとんねん。

押し入れのなかから、なにかがこっちを見とんねん。

「見とる」と言っても、わたしに気づいとる様子はないんよ。なんもない空間を、ぼおおっと眺めてる——そんな感じの、薄気味悪いまなざしでな。

わたし、そのまま五分くらい固まっとったんかなあ。気づいたら、目は消えとった。

いつのまにか襖も閉じててな。動くところを見た憶えはないねんけど。

そんで、次の日に祖父ちゃんと祖母ちゃんが帰ってきてから襖を開けてみたけど、なんにもおらんかった。なかの衣類ケースや段ボールも動いた形跡はなかったし。

だから——あの目がなんだったのかは、いまも謎のままやねん。

「……泥棒やろ、それ」

S子さんが率直な感想を口にするなり、母は「違うがな」と即答した。

「泥棒でも強盗でも、生身の人間だったら目に表情があるやんか。怒りとか、焦りとか、なにかしら気持ちが見えるやんか。ないねん。なんも見えへんねん。あんな心のない目、生きとる人のはずがないわ」

「そんなら……お化け？　怖かった？」

娘の問いに、母は数秒ほど悩んでから首を振った。

「怖いより〝困った〟のほうが近いかな。なんでか知らんけど、困るなあと思った。こんなモノが我が家におるんは迷惑やろなあ。でも、あまり無下《むげ》にもできんよなあ……そんな気持ちやった。変やろ」

「……うん、変やと思う」

娘の言葉に母が声をあげて笑う。

そこで、親子ふたりの怪談会はお開きとなった。

結局、お泊まり会でS子さんは母の話にいくぶんの脚色を施して語った。同級生の反応は鈍く、お泊まり会には二度と呼ばれなかった。

だから、S子さんもすぐにその話を忘れ、あいかわらず怪異とは無縁で育った。

中学校を卒業し、高校を終えたあとは地元の短大を経て市内の会社に務め、友人に紹介された男性と結婚し――五年ほどで離婚して、実家へと戻った。

以来、つつましやかに親子ふたりで暮らしている。

S子さんが五十歳を迎える年の春、母に異変が生じた。

台所の火の始末を何度となく忘れ、お気に入りだったブラウスを着ようとしても、ボタンひとつ留めるのにひどく時間がかかる。しまいには「誰かが財布を盗んだ」と朝の四時から大騒ぎするようになった。

これは——もしや、そういうことだろうか。

不安に駆られたS子さんは嫌がる母をなだめすかし、病院へ連れていく。

予想どおり、母は軽度の認知症だった。もっとも介護認定はいちばん軽いもので、医師からは「しばらくはご家族が様子を見てあげてください」と告げられた。

働きながら母を介護するのは、想像していた以上に骨が折れた。

食べ終えた先から食事をねだり、水も溜めず勝手に風呂のガス栓をひねる。粗相《そそう》をすることもしょっちゅうで、暴れて手を挙げられるときもあった。

彼女も母も疲弊しながら、季節だけが淡々と過ぎていった。

その年の秋、十分ほど目を離したすきに母の姿が見えなくなった。

慌てて表通りを探したが、それらしき人影は見あたらない。

警察に連絡すべきだろうか。逡巡しながら家に戻り、はたと気がついた。

玄関の履き物が減っていない。

裸足で飛びだした可能性も捨てきれないが、でも——。

S子さんは室内へ戻り、息を殺しながら母の気配を探った。台所、便所、浴室——さんざん家探しをしたものの、やはり母はどこにも居ない。

すっかりくたびれて居間へと戻る。直後、違和感に足が止まった。

押し入れの襖がわずかに開いている。

その隙間から、母がこちらを睨んでいた。

感情のない眼球が、闇のなかにでらでらと光っていた。

あの日聞いた話を思いだし、はっとする。

もしや、幼い母が見たのは。

嗚呼、だから怖くはなかったのか。「困るなあ」と感じたのか。

こんなモノが我が家におるんは迷惑やろなあ——。

でも、あまり無下にもできんなあ——。

脳裏によみがえる母の声を反芻《はんすう》しながら、S子さんは襖の目を見つめ続けた。

その後も二年ほど介護を続けたのち、S子さんは自宅で母を看取《みと》った。

現在は、おなじ家に独りで暮らしている。

来秋には、彼女自身も母が逝った年齢を迎える。幸いにも大病は患《わずら》っていないが、すこぶる健康とは言いがたく「あと何年持つかな」と悩みながら床に就く日が増えた。

そういえば最近、押し入れの襖がわずかに開いていることがある。

やはり、怖くはない。

すぐに閉めるのでそれ以上のことはなにも起こらないし、なにも見ていない。

ただ、いまも母があそこに居るのだとしたら――自分が死んでしまったあと、母はどうなるのだろう。どうするのだろう。

そんなことを考えては、つい「困るなあ」と零《こぼ》してしまう。

でもどり

「いやあ、困るんですよ」

開口一番、Dさんが渋い顔で漏らす。

なにがですか——私がそう訊ねるよりも早く、彼は小脇に抱えていた鞄を机へ置くと、なかから入れ歯と眼鏡、臙脂《えんじ》色のネクタイを次々に取りだした。

「入れ歯は昨年、実家の庭にある石灯籠《どうろう》の上に乗っていました。あと、眼鏡は一昨年《おととし》、勤め先で机の抽斗《ひきだし》から出てきたものです。そしてネクタイはさらに前の年、自動車の調子が悪いので点検したらマフラーに詰まっていて……」

「待って待って、ちょっと待ってください」

Dさんの説明を遮り、ひと呼吸置いてから問いなおす。

「つまり、これらの品々は予期せぬ場所で見つかった……という話なんですね。それで、いったいどなたの持ち物なんですか。心あたりはお有りなんですか」

今度は、彼が数秒黙ってから「ああ、そこを先に話すべきでしたね」と詫びた。

「すべて、十七年前に亡くなった祖父の所持品です。どれも火葬の際にお棺へ入れたはずなんですけど……戻ってきちゃうんですよ」


はじめての〈出戻り〉は一周忌の翌朝。第一発見者は祖母であったという。

「掃き掃除をしようと玄関に出たら、紺の中折れ帽が足拭きマットの上に置かれていたというんです。ひとめ見るなり家族全員が驚きました。だって、洒落者《しゃれ》の祖父が生前に愛用していた帽子とうりふたつだったんですから」

祖母は「私はちゃんと棺桶へ入れたよ」と主張したものの、現に帽子は目の前にある。さりとて、そっくりな品が家の前へ偶然飛んできたとも考えにくい。

結局、そのときは「うっかり納め忘れた帽子が、なにかの拍子に玄関まで転がっていったのだろう」と、みなで無理やり納得した——のだが。

翌年も、その次の年も、祖父の遺品は戻ってきた。

ある年は、お気に入りだった革靴が仏壇前の座布団にちょこんと揃えられており、別な年には、いつもポケットへ忍ばせていたハーモニカが花瓶の底に沈んでいた。

鼈甲《べっこう》の櫛《くし》、イタリア製の革手袋、ロゴのすっかり剥《は》げた珈琲《コーヒー》カップ——荼毘《だび》に伏すおり祖父と一緒にお別れしたはずの品々が、毎年かならずひとつ発見された。

「最初のうちは〝大切にしてくれとお祖父ちゃんが言ってるのかな……なんて笑っていたんですが、ここまで続くと……不安になりますよね」

「不安、ですか」

「ええ。なんというか……その」

そこで言葉をいったん止め、Dさんが上目遣いでこちらを窺った。

「いずれ〈本人〉が戻ってくるのでは……なんて、ありえない考えですよね」

そうなったら面白いですねえ——とは、さすがに言えず、私は「まあ、そのときにまた考えれば良いと思いますよ」と曖昧な科白《せりふ》でお茶を濁し、取材を終えた。

それが、コロナ禍の前年の話になる。


今年の二月はじめ、Dさんからファイル付きのメールが届いた。

題名は《戻ってきました》。

添付されているファイルを開くと、モニタに一枚の画像が表示された。

水面にただよう、白い糸のようなひとつかみの束——それだけの写真である。

沸騰した鍋を泳ぐ素麺にも見えるが、これはいったいなんだろう。

答えがわからずに首を捻《ひね》りながら、私は本文へと目を通した。

《お送りした画像は、昨日、トイレの便器に浮かんでいる物体を撮影したものです。これ……髪の毛じゃないかと思うんです。祖父のきれいな白髪にそっくりなんですよ。〝DNA鑑定してもらおう〟と興奮する父を止めるのに難儀しました。ええ、鑑定には出さないつもりです。だって、これが本当に祖父の髪だとしたら……どうすれば良いかわからなくなるじゃないですか》

メールを読み終えて、ふと気づく。

眼鏡。入れ歯。そして、髪の毛——だんだんと肉体に近づいてはいないか。

だとすれば、そろそろ本人が戻ってくるのかもしれない——とは、やはり書けず、私は「お寺に納めてください。良い供養になると思います」と無難に返信した。

来年を楽しみにしているのは、ここだけの秘密である。

よぐたち

漢字では【夜降ち】と書く。夜が更けること、あるいはその時刻を指す。

この言葉を古文の授業ではじめて知ったBさん、おおいに感銘を受けた。

「聞いた瞬間、〈深夜〉とか〈未明〉みたいなニュースで聞く単語より美しいなあと思ったんですよね。それがきっかけで、夜の散歩を思いついたんです」

まもなく日付が替わるころ——まさしく夜降ちに、いつも彼女は動きだす。

両親が寝静まったのを確認し、二階の窓から庇《ひさし》を伝って庭へと降りる。門扉の脇に隠しておいたスニーカーを履き、目の前の県道をまっすぐに進んでいく。

田舎町であるから、通行人はおろか車もめったに通らない。聞こえるのは用水路を流れる水音と、風に揺れる木々のざわめきのみ。季節によっては、そこに蛙《かえる》の合唱が加わる。

そんな〈うるさい静寂〉のなか、Bさんはひたすら歩き続けたのだという。

「なんとなく心が落ちついたんですよね。ほら、思春期って微妙じゃないですか。自分と世界の折りあいがついてない感覚が、いつも胸の底にあって。そんな気持ちを暗闇が癒してくれる気がしたんですよね」

だが、田舎とはいえ深夜である。ひとり歩きは恐ろしくなかったのか。

私が訊ねるなり、彼女は首を横に振った。

「昔から暗闇に恐怖を感じない子だったんですよ。特にあのころは〝夜って温かいよな、この時間がずっと続けば良いのに〟なんて願っていました。やっぱり、当時はちょっと病んでたのかもしれませんね。そんなわけで、深夜の散歩を怖いとは思いませんでした」

あの日までは。


篠突《しのつ》く雨が夕方まで降り続いた、秋のはじめであったという。

いつもどおり夜道を歩いていたBさんは、〈あるもの〉に気づいて足を止める。

県道と国道が交差する十字路。秋雨《あきさめ》の名残りに黒く濡れたアスファルト。点滅する歩行者用信号機に照らされ、せわしなく赤と青に色を変える横断歩道。

そのかたわらに――女がひとり、立っていた。

長い黒髪、薄汚れた和装の女である。顔を伏せ、胸もとに乳飲み児を抱いている。

「最初は〝ドッキリの類じゃないか〟と思いましたよ。だって、時刻も衣装も登場のシチュエーションも、あまりにスタンダードすぎるじゃないですか」

はたして、目の前の女は〈本物〉か、それとも〈偽物〉か。真贋《しんがん》を見きわめようと目を凝らすBさんの前で、女は火の粉が爆《は》ぜるように消えた。

「ほんと、焚き火が散るみたいにパチパチッと居なくなったんですよ。もうわたし、その場でしばらく放心しちゃって。あ、怖かったわけじゃなくて、感動したんです。ようやく夜に受け入れてもらえた、〈こっちの住人〉として認めてもらった……そんな感覚をおぼえたんです。ほら、思春期まっさかりだったので」

その後もBさんは、赤児を抱いた女に何度となく遭遇する。

どうやら母子は季節や天候に関係なく不規則にあらわれるようで、三日続けて姿を見るときもあれば、半月近く遭遇しないこともあった。

その気まぐれさも、なんだか夜らしいなと思えて好ましかったのだ──と、彼女は言う。

「当然、交流らしい交流なんてないんです。声をかけても反応するわけじゃないし、いつも一分と経たずに消えちゃうし。だけど、なんとなく距離が縮まっているような気はしていたんですよ。そのうちコミュニケーションできるんじゃないか、さすがに言葉を交わすのは無理だとしても、笑顔くらい見せてくれるんじゃないか……勝手にそう信じていたんですけどね」

長い冬の終わりが見えはじめた、ある夜。Bさんは女と何度目かの邂逅《かいこう》を果たす。

しかし、その日はすこしばかり様子が違った。

いつもは微動だにしない女が、子供をあやすように身体を揺らしている。おまけに立っている場所も近い。横断歩道をわたりきった十字路の手前に屹立《きつりつ》している。

不安に駆られたものの、Bさんは怯《ひる》まなかった。

ここで踵《きびす》を返したら、夜に認めてもらえなくなる。

あとすこしで〈彼女〉と分かりあえるのに、すべてが無駄になってしまう。

「……こんばんは」

どんな言葉をかけようか悩んだすえ、努めて軽い口調で挨拶する。と、次の瞬間、女が口をぱっかりと開け、赤児をじゃぶじゃぶと頭から齧《むさぼ》り喰《く》った。

水っぽい咀嚼音《そしゃくおん》に混じって子供の呻《うめ》き声が聞こえる。乱れ髪のあいだから覗く女の目がせわしなく動き、むしゃぶりついている赤ん坊とBさんを交互に見ていた。

気づくと、全力で駆けだしていた。

道中でスニーカーが片方脱げてしまったが、取りに戻るつもりはなかったという。

「あれですっかり懲りました。やっぱり、わたしたちと夜に生きているモノは、違う存在なんですよ。もとが人間であろうが人に似た姿をしていようが、こっちの感覚はいっさい通じないんだなと悟りましたね」

あれから十年——彼女は郷里を離れ、いまは別の街で働いている。

コロナ禍がひと段落し、最近は同僚から飲みに誘われる機会も増えたが、なにかしら理由をつけて断るようにしている。

もちろん、夜が怖いから。夜降ちに歩きたくないから。

「そういえば、去年ひさしぶりに実家へ戻ったんですけど、仕事の都合でどうしても午後の遅い時間に着かざるを得なくて、母親に駅前まで迎えにきてもらったんですよ。それで、助手席に乗りながら夜の街を眺めていたんですが……」

あの女、まだ居ました。

しかも、また場所を移動しているんです。私の家の方角に近づいているんです。

だから、次に帰るときは、もしかしたら我が家に——。

最後の言葉を口に出さず、Bさんは話を終えた。

かぞく

「帰りたくないよね、正直なところを言えば」

生ジョッキをひといきに煽ってから、H氏は憂鬱そうに息を吐いた。

彼の実家は福島県にあり、最近は頻繁に帰省しているのだという。

車を駐車場に停めて玄関を開けると、決まって茶の間から「おかえり」という母の声が聞こえ、その直後にどたどたと階段を下りる兄弟の足音が響く。

そんな喧騒を聞きつつ、H氏は靴も脱がずにじっと身構える。

やがて数分が経つころ、ふいに漂っていた気配が消え、そこでようやく彼は室内へ入る。

まっくらな、誰も住んでいない家に足を踏み入れる。

「いや、そんな怖い思いをしてまで帰りたくなんかないんだよ。でもさ、避難区域が解除されたからには家財道具も整理しなくちゃいけないだろ。ほんと参ったよ」

嘆く彼に、私は慰めのつもりで言葉をかけた。

「でも、亡くなったお母様やご兄弟と再会できたと思えば、すこしは心も癒されるんじゃないですか」

微笑《ほほえ》むこちらを数秒ほど真顔で見つめてから、H氏が口を開いた。

「あのさ、ウチのオフクロも弟も生きてるんだよ。茨城で一緒に暮らしてるんだよ。なあ、専門家だったら教えてくれよ」

俺の家で家族のふりをしてるアレ――いったい、なんなんだよ。

著者紹介

我妻俊樹（あがつま・としき）
『実話怪談覚書 忌之刻』にて単著デビュー。「実話怪談覚書」「奇々耳草紙」「忌印恐怖譚」各シリーズなど。共著に「FKB饗宴」「てのひら怪談」「ふたり怪談」「怪談五色」「瞬殺怪談」各シリーズ、『猫怪談』など。

蛙坂須美（あさか・すみ）
東京都墨田区生まれ。雑誌『代わりに読む人0創刊準備号』にエッセイ「後藤明生と幽霊――『雨月物語』『雨月物語紀行』を読む」を寄稿。ブログ「悲鳴窟」にて聞き集めた実話怪談を公開している。共著に『瞬殺怪談　鬼幽』『実話奇彩　怪談散華』など。

岩井志麻子（いわい・しまこ）
二〇〇〇年『ぼっけえ、きょうてえ』で第一三回山本周五郎賞を受賞。『岡山女』『魔羅節』『チャイ・コイ』『でえれえ、やっちもねえ』『煉獄蝶々』など多数。実話怪談としては「現代百物語」シリーズ、徳光正行との共著「凶鳴怪談」シリーズなど多数。

黒木あるじ（くろき・あるじ）
二〇〇九年「ささやき」で第一回『幽』怪談実話コンテストブンまわし賞を受賞。「怪談実話」「無惨百物語」「黒木魔奇録」「怪談売買録」各シリーズほか。共著では「瞬殺怪談」「奥羽怪談」各シリーズ、『実録怪談　最恐事故物件』『未成仏百物語』など。

黒　史郎（くろ・しろう）
二〇〇七年「夜は一緒に散歩しよ」で第一回『幽』怪談文学賞長編部門大賞を受賞。『黒異譚』「実話蒐録集」「異界怪談」各シリーズ、『黒怪談傑作選闇の舌』『ボギー 怪異考察士の憶測』ほか。共著に「百物語」「瞬殺怪談」各シリーズ、『未成仏百物語』など。

神　薫（じん・かおる）
静岡県在住の現役の眼科医。『怪談女医 閉鎖病棟奇譚』で単著デビュー。ほか『怨念怪談 葬難』『骸拾い』『静岡怪談』など。共著に「瞬殺怪談」各シリーズ、『現代怪談 地獄めぐり 業火』など。女医風呂 物書き女医の日常 https://ameblo.jp/joyblog/

朱雀門出（すざくもん・いづる）
二〇〇九年「今昔奇怪録」で第一六回日本ホラー小説大賞短編賞を受賞。実話怪談では『第七脳釘怪談』をはじめとする「脳釘怪談」シリーズほか。共著に「怪談五色」シリーズ、『京都怪談　神隠し』など。

百目鬼野干（どうめき・やかん）
「怪談四十九夜」には第一巻より、このシリーズのみ参加。地方にあるバーの店主でもあり地元ではライターとしても動いている。奇妙な人や出来事に出くわす率が高いのは今も相変わらずとのこと。

福澤徹三（ふくざわ・てつぞう）
二〇〇八年『すじぼり』で第一〇回大藪春彦賞を受賞。『東京難民』は映画化、『白日の鴉』はドラマ化、『侠飯』『Iターン』はドラマ化・コミカライズされた。実話怪談では『黒い百物語』『怖の日常』『忌談』『S霊園』、怪談社の糸柳寿昭との共著「忌み地」シリーズなど。

冨士玉目（ふじ・たまめ）
人の怪談話を聞くのが好き——が高じてたびたび参加。怪談は書いているといろいろと寄ってくるのだなと実感している。普段は地道なサラリーマンとして生活している。

怪談四十九夜　合掌

2022年10月6日　初版第1刷発行

編著者……黒木あるじ
デザイン・DTP　……荻窪裕司(design clopper)
企画・編集　……Studio DARA

発行人……後藤明信
発行所……株式会社 竹書房
〒102-0075　東京都千代田区三番町８－１　三番町東急ビル６F
email：info@takeshobo.co.jp
http：//www.takeshobo.co.jp
印刷所……中央精版印刷株式会社